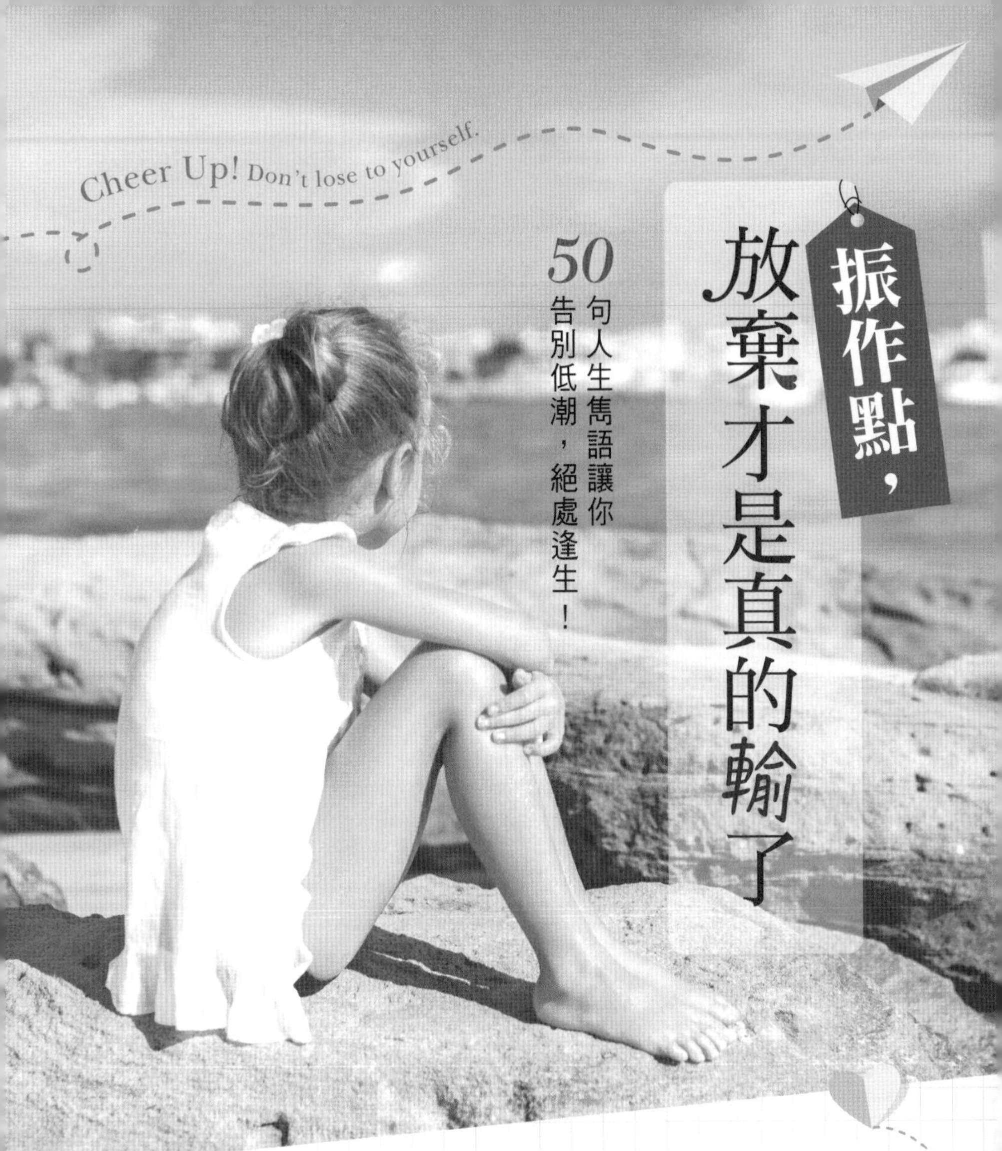

Cheer Up! Don't lose to yourself.

振作點，放棄才是真的輸了

50句人生雋語讓你告別低潮，絕處逢生！

暢銷勵志諮商師 林雪曼——著

人生的谷底，正是你脫胎換骨的契機。

序

只要你永不言放棄，就有反敗為勝的可能

英國作家威廉・毛姆曾說道：「生命相當有趣，你避之惟恐不及的事，往往就被你碰上。」這句話精闢地點出人們在遭逢低潮時的內心感受，那種明明已經用盡全身的力量卻無能為力的感受。

一旦你認定生命是一趟痛苦的旅行，就容易產生以下的想法：

「為什麼這些衰事偏偏發生在我身上？」

「我明明已經很努力，為什麼成效遲遲沒有出現？」

「我已經如此用心，還是沒辦法挽回這段感情？」

期間實在有太多的辛酸與煎熬。然而反過來一想，若不是經歷過波折與風浪，你又怎能真正嚐到人生的醍醐味呢？從這個角度切入思考，你就能了解，並非整個宇宙故意刁難你，刻意設下你無法跨越的難關，而是生命本就如此，生命本就是具有波動性且又難以預料的。

所以，當你覺得自己跌落人生的谷底，自我懷疑的念想像雪球一樣越滾越大，最

後如同行屍走肉的時候，不如抬頭看看前人走過的路。請你相信，即便處於這種絕望時刻，你的內心深處仍有一股求生的欲望，迫使你捫心自問：「不可能只有我遇到這種境況，那麼其他人是如何走出低潮？」

你沒有自己想像得那麼孤獨，你遇到的挫折與困境，在人類的歷史洪流裡反反覆覆。書中收錄的五十句名人雋語，就是前人留下的救生繩，讓你得以攀爬出低潮困境。從告別憂鬱的自己，以全新的姿態重新出發，到幫助你重建信心，找到勇於前進的力量。緊接著，培養你遇到阻礙也不退卻的意志力，最後重拾人生的掌握權。如此循序漸進地引導你，你會發現走出人生低潮不再是難事。

透過篇篇短文省思，不僅能撫慰你在遭逢人生低潮時，想要放棄的自己的心情，並能引領你重新找到活下去的勇氣，絕處逢生，成就一個更好的自己。

記住，就算被整個宇宙賞了好幾個巴掌，只要你不要放棄，就一定有反敗為勝的可能。閱讀這本書，就是一場突破自我的人生革命。

Contents

Step 1 告別愁雲慘霧的自己，然後再出發

Step 2
重建自己的信仰，你比想像得更堅強

Step 3

相信未來會更好，就沒有人能夠阻止你前進

Step 4

微笑面對難捱的逆境，它將賦予你前所未有的力量

Step 5 掌握吸引成功的價值觀，迎接嶄新的自己

Step

1

告別愁雲慘霧的自己，然後再出發

AIR MAIL

陽光輕輕地吻上窗櫺，
黑夜慢慢地消退。
欲避免生命裡的張狂混亂，
欲從虛無的混沌中解脫，
你必須追求和諧。
欲戒斷反覆犯下的錯誤，
要遠離駐紮在內心裡的惡魔，
你必須讓真知充盈自己，
讓宇宙最美好的事物灌注四肢。
將你的孤寂與憂愁，
留在浩浩蕩蕩的另一個世界，
擺脫那情不自禁的聲聲嘆息，
並告別過往的自己。
然後以浴火重生的嶄新姿態，
在破曉時分之後，毫不遲疑地活下去。

此時此刻，就是你的黃金年代

人性最悲哀的一點，是我們所有的人都在拖沓人生，我們夢想著遙遠的天邊有座奇幻花園，而非欣賞今日窗邊盛開的玫瑰。

——美國心靈導師，戴爾．卡內基

你的思緒曾否遠離存在的這個當下？

想像力就是你的時光機，它載你回到過去，帶領你飛越未來，它讓你暫且遠離日常生活的喧囂、擺脫現實帶來的不安。

你告訴自己，如果我生在他時，肯定能有不一樣的成就，才華得以發揮、生活會更愉快、日子會更輕鬆、人生會更順利。於是你開始勾勒那些畫面，並從中得到現實生活裡無法感受到的慰藉。

然而，這種慰藉是心靈的麻藥，將使你沉迷於其中，不願再回到鬱悶的真實人生。

最後，你永久困在自己心馳神往的幻象裡，走不出去。

世界上沒有「生正逢時」之人

奇幻電影《午夜巴黎》以時空旅行為題材，巧妙地點出人們「生不逢時」的感慨，有時僅是為掩蓋自己的脆弱。只要我們持續將自己不被賞識、無法找到更好的工作，或是無法追求夢想的原因歸咎於大環境，我們就不必面對不堪一擊的自己。

電影裡，劇作家蓋爾在某個獨自漫步於巴黎街頭的午夜，意外穿越時空，來到他心之所嚮的黃金時代。蓋爾不僅見到自己敬重的作家厄尼斯特．海明威，還得以參加格特魯德．史坦因舉辦的沙龍，更使巴勃羅．畢卡索的情人移情別戀而愛上自己。在這個時代裡，人們賞識他的才華與本質，一切事物都是那麼地理想！

劇末，蓋爾帶著情人再次穿越時空，來到女孩嚮往的「文藝復興時代」，當欣喜若狂的女孩要求蓋爾留下並且永遠不要回去時，蓋爾這才醒悟，眼前的戀人就跟他一樣，缺乏面對真實人生的勇氣。他領悟到：無論是生於何世何時的人類，心中都會有自己嚮往的黃金年代，而它永遠比身處的當下更美好。

你是否曾經出現相似的想法？你認為自己在某方面具有才能，但又擔心付諸行動後，發現事實並非如此。而這將迫使你不得不質疑自己的能力，所以你不斷地替自己的苦無成就找藉口；或是當你求職時四處碰壁，為求減輕自己的鬱悶感，你逃到自己心中的美好境地，告訴自己：「是大環境辜負了我。」然而，沒有人可以選擇自己降生的時代，無論是史前人類、文藝復興時期的知識分子，或是這個當下的你。身逢亂世的百姓會渴望生於太平盛世，長於太平盛世的文武將相又希冀擁有得以建業立功的戰場，每個時代環境都不一樣，都有它們的優缺點，端看你決定以何種心態看待。所以，請你即刻告訴自己：「我其實生正逢時，我可以創造屬於自己的時代。」一旦你努力發揮自己有限的生命，用心展現自己的人生價值，你最終會發現，其實你已不枉此生。

花開堪折直須折，莫待無花空折枝

一日早晨，農家女瑪奇準備將新鮮的牛奶拿去市場販賣，以換取能夠過冬的乾糧。路途上，瑪奇不禁冒出一個念頭：「假如我將賣掉這罐牛奶的錢存起來，日後就能再買一頭牛，屆時牛奶的產量不是更大嗎？我將能賺更多的錢、買更多的牛！」

瑪奇越想越開心，完全沉浸在美夢之中無法自拔，她幾乎可以看見自己穿上新衣的模樣，看見現居的破舊農舍變成瓊樓玉宇，最後瑪奇甚至雀躍地手舞足蹈了起來。就這麼一個不注意，牛奶全潑灑於地，她的美夢也隨之消散。

我們都知道要把握當下，但多數時候我們的行為卻又背道而馳，因為活在未來的幻想中，而賠上當下實際的收益。比方說，即將參加升學考試的你忍不住想像未來的榮景：「等我考上一間好學校，我將擁有多采多姿的生活，畢業後順利找到一份好工作，成家立業，未來不可限量……。」結果，你不知不覺間已浪費掉能有所收穫的寶貴光陰。既然你是構成「現在」世界的一份子，那你何不真真實實地生活在「現在」的世界中呢？你必須去接觸，參與現在的生活潮流，必須身處於現在的文化巨浪上。你不應生活在「昨日」或「明日」的世界，而應生活在「今日」的世界中，避免將精力都耗費在緬懷過去與幻想未來。因為當一個人能夠生活於現實，充分利用現實，不枉費心神精力去追悔過去的失敗，或浸溺於未來的幻夢中，才能擁有更美好的生活。

所以，請你把握現在所擁有的快樂，享受今年穿戴的服飾，不要妄想明年不可期的錦繡狐裘。但我絕非要求你別為明天打算，而是在亭台樓閣的幻夢尚未成真之前，還請你遷就些，把心血灌注於現居的茅屋中，下定決心讓它成為世界上最快樂的住所。一旦你不再把精力過度集中在明天、沉迷於將來的夢；你才能嚐得今日的歡愉與機會！

替心靈注入活水，你將如獲新生

如同你明日將死般地生活，如同你將長生不老般地學習。

——印度聖雄，莫罕達斯．甘地

你的一生其實就像一場婚姻，找到能夠吸引你的人不難，找到你有所熱忱的事物不難，真正困難的是，如何讓那種興奮與熱血長久延續，如何與之長相廝守。

當你在一個工作環境待久了，當你維持一段關係已二十年，難免都會感到倦怠。那種持續掏空自己、持續付出的感受，讓你產生一走了之的念頭。你不禁這麼懷疑：為什麼其他人能夠忍受不變如故的狀態？難道真是因為每個人的「忍耐」極限不同，所以他能跟妻子「執子之手，與子偕老」，而我較無耐心，所以三天兩頭就換一份工作？

其實關鍵在於你，而不是你身處的環境。人們都喜歡充滿熱忱時渾身是勁的感受，所以當你覺得「做來做去，還不都一樣」時，不妨主動替自己找樂子，去挑戰「從既定的框架中變出新花樣」，屆時你會發現自己不僅已擺脫一成不變帶來的低潮感，不知不覺間你的經驗也更豐富、人生面更開闊，而每一次的努力都將讓你如獲新生！

定時整頓心靈空間，才能裝納更美的明天

夏洛克．福爾摩斯是英國作家柯南．道爾筆下的人物，柯南．道爾借夏洛克之口提出一個有趣的概念——人類的腦袋就像一間小閣樓，空間有限，所以我們必須對放進閣樓裡的家具進行篩選，並且整理得有條不紊。如此一來，當我們要取用知識時，才不會感到混亂，而使大腦有效且順暢地運作。

其實，對待心靈的道理亦同，你必須主動抉擇哪些事值得你掛心，又有哪些事不應久留，應將它從心靈有限的空間裡清掃出來。如果你持續累積情緒與煩惱，只會使得心靈過於笨重而無法妥善應對日常生活裡的各種難題，導致你越活越無奈，狀態每況愈下。

嘉嘉踏入職場三年有餘，卻已經失去社會新鮮人的熱情與活力。一日，疲憊的嘉嘉返回家中後，忍不住向母親抱怨道：「我真不知道該如何撐下去，我的人生是否就此固

定了，只剩千篇一律的問題、了無新意的日子。每天早上睡醒時，只要想到又得面對接下來貧乏的一日，我就不想出門。」

母親沒有立刻應答，拿起一個杯子後才問道：「你覺得這個杯子有多重？」

嘉嘉說道：「大概有五十克吧。」

母親又問：「那如果我就這麼一直拿著，二十分鐘後會發生什麼事？」

嘉嘉皺眉說道：「就這麼舉二十分鐘？您的手臂肯定會痠痛不已啊。」

母親繼續問：「那如果我就這麼舉了一天呢？」

嘉嘉大笑後說道：「那您肯定瘋了，因為您的手臂肌肉肯定會拉傷啊！」

母親將杯子遞給女兒後說：「你說的沒錯，不過話說回來，無論是二十分鐘還是二十四個小時，這期間裡杯子的重量有改變嗎？」沒有。嘉嘉回答道。

「那我的手臂為何會感到痠痛？」媽媽問道。

「因為您一直拿著杯子啊。」

母親問道：「所以我該如何阻止這個症狀出現？」

嘉嘉困惑地說：「媽，您只要把杯子放下就沒事啦。」

母親笑了笑地說：「這就對啦！這個杯子就是你每天遇到的各種困難，它或重或輕都不重要。真正重要的是，你每天上床睡覺前要記得放下煩憂，如此一來，隔天起床時，你又能精神煥發地迎接嶄新的一天。」

所以，當你遇到人生瓶頸，覺得心靈已不堪負荷時，不妨嘗試將自己完全清空，把自己當成年幼無知的孩子。因為當你什麼事情也沒經歷過，世界的一切對你來說都是新奇有趣的。適時整頓自己的心靈，把每日上床就寢當成生命的終點，把每日在床上甦醒都當作靈魂新生，那麼每日都將是嶄新世界，人生又何處不歡，何處沒有希望呢？

以知識活絡心靈的血脈

宋朝文人朱熹於其詩作《觀書有感》裡寫道：「半畝方塘一鑑開，天光雲影共徘徊。問渠那得清如許，為有源頭活水來。」他以如明鏡般的水塘，貼切地點出閱讀為心靈帶來的豁然清澈之感，它讓人們保持心靈的活動，並為人們帶來源源不絕的人生體悟。所以，當你覺得自己像一台失去電源的機器時，不如將知識化為你的能量來源。

當然，單純閱覽文章而不加以思索吸收，那麼你只是在重複作者的思考過程，除了暫且逃離現實而得以喘息之外，你什麼收穫也得不到。就如同德國哲學家阿圖爾‧叔本華所說：「記錄於紙上的思想，不過是前行者於沙地留下的足跡，我們也許能看見他走過的路徑，然而假如想要知道他究竟在路途中看見了什麼，我們則必須用自己的眼睛。」用自己的眼睛去看、去體驗、去驗證書本裡的文字，千萬別讓別人代替你思考，因為唯有獨自思考而得的觀點，才真正屬於你。然而，你究竟該如何擺脫人云亦云的窘境，培養扎實的思考力呢？

若想鍛鍊思考力，具體來說，你可以從「為什麼」的提問著手。因為懶惰是人的本性，人們習慣被動接收訊息，然後才依照成長經驗來決定自己是否認同此訊息。但只要你在反駁或認同一條訊息之前，合理懷疑這項訊息，並且追根究柢。一段時間後你的觀察力自然就會有所提升，更能準確地判斷與分析自己所得到的資訊，屆時你對整體事件的掌握力也就隨之提高。

重複性思考是大腦僵化的起始。如果你僅是窩在象牙塔裡，日復一日採取同一種思考迴路，那你終究無法突破停滯的人生。所以，替你的大腦添加一點刺激吧。透過不斷地閱讀並思考，你就能擺脫心靈死水，擁有如泉湧般的旺盛生命！

以確切的事實，解放你的杞人憂天

憂慮，是麻煩尚未來到，人們就先為其付出代價。

——英國神學家，威廉·英格

究竟何謂憂慮？它既摸不到又看不見，它來自於你的想像。在這個憂慮無所不在的現代社會裡，你必須想辦法徹底對抗這種難以名狀的抽象情緒。不是極力避免憂慮，而是正確認識它，最終戰勝它。

請你不必驚慌，你絕對有能力去克服憂慮，它並非一定會使你受到傷害。其實只要你願意就自己擔心之事採取行動，你會發現這將帶來積極思考，而一旦你能控制自己的想法，你便能控制自己的情緒，包括憂懼。

穿越憂懼，人生晴空萬里

勇敢並非不憂懼，而是克服憂懼，戰勝憂懼。其實你與那些勇氣十足的人無異，他們跟你一樣都會憂懼，所以你只要學會跨過最艱難的那一步——面對它。

有一回，朋友邀我去登山。一想到能夠擁有這種冒險歷程，我就立刻答應他。但興頭過後，打退堂鼓的念想一度閃過我的腦海，那些過程裡可能會面對的各種困難與危險，幾近佔據我的思緒。我心想：「對此，我好像不具備足夠的體能跟危機應變的能力。」

事實證明我錯了，在克服憂懼的過程裡，我的意志隨著逐漸稀薄的空氣而越來越清晰，在那個當下，彷彿全世界只剩下我的思緒，在一吸一吐之間，我與世間萬物是如此的貼近。之後，我看見人生所見過最美的風景，一望無際的視野，沒有煩惱的九霄雲外。

當你的思想超越各種衝突，穿過憂懼的雲霧，你將進入得以清晰思考的層面。請你相信跨越憂懼之後，就是一個完全不一樣的世界，你會意外的平靜，而你的生活將晴空萬里，能見度超乎想像地高。

了解問題本質，就能限縮憂慮滋長的空間

關於愛情，人們常說：「我們因不了解對方而在一起，因了解而分開。」這句話雖已流於俗濫，但的確點出一個事實：在我們有機會真正深入認識一個人之前，我們其

實是在跟想像中的對象談戀愛，跟我們心裡「以為」的那個人談戀愛，直到最後看清事實，才知道原來對方跟我們想像得不一樣。

想像力妙不可言，即便身處在最險惡的環境裡，它也能讓我們保有一絲希望，因為它能夠讓事物在我們的腦海裡以自己渴望的方式呈現，它讓我們擁有改變真實的力量。然而，這也是想像力殘酷之處，它放大眼下難題對我們的影響，以我們所能想到的恐怖方式誇大問題的困難度，在我們的內心投下巨大陰影。

你記得黔驢技窮的故事嗎？因為貴州從來沒有驢子，所以老虎對陌生的驢子既好奇又害怕。直到老虎看慣驢子的模樣，聽慣驢子的叫聲，認清牠的實力後，老虎便放心地撲上前去，狠狠地咬斷牠的喉嚨。

請你直視自己所面臨的難題與挑戰吧！直視它，而不是轉而去擔憂它所投射的高大陰影。一旦你深入了解自己所不了解的事物，想像力發揮的空間也就逐漸限縮，接下來要處理的問題就簡單得多。就算在未來漫長的生命裡，你仍不時會感到害怕，無法永遠避免這種憂懼的情緒，但你已知曉，不管它來幾次，你永遠能夠打敗它，而且一次比一次更快且更熟練！

沒有人是一座孤島，別拒人於千里之外

每一個人都需要有人和他開誠佈公地談心。一個人儘管可以十分英勇，但他也可能十分孤獨。

——美國作家，厄尼斯特．海明威

人類是一種很奇妙的生物，我們期待能找到一個與自己的靈魂共鳴的人，但無論是在成長的路上或是生長的城市中，我們卻努力偽裝自我，直到自己都快認不出自己的地步。你是否也感到孤獨？也許是在你開車返家的途中，或是離開親人團聚的場合後，或是穿越熙來攘往的火車站時，你發現自己馱著幾近無法負荷的孤獨——覺得這個世界太煩、太吵。

然後，你的心底突然湧上「沒有人理解我的感受」，並非因為身旁無人陪伴，而是彷彿全世界沒有一個人能夠與你對話，了解你內心深處想被理解，卻又害怕被理解的念想。

弔詭的是，你沒有那麼傻。

你當然沒有那麼傻，你不會真認為全世界

沒有任何一個人必須面對你現在面對的，只有你遭遇到現在你所遭遇的。你只是在脆弱與寂寞的時分拋棄了理智，暫且讓感性奪取你的意識。所以，想求助又不知道如何求助的你，封閉了自己的心。

我知道你其實只是害怕受傷，擔心用盡全力去為理想與生存拚搏，到頭來卻還是一場空，擔心真心接納一個人，最後卻必須承受失去他的落寞。因此你始終自立自強，不讓身旁的人憂心，鮮少接受他人的幫助。然而，在這個危險又迷人的世上，你不應該獨自旅行。被孤獨感攫取的時候，請你別再抗拒，別屈服於現實世界在你腦中種下的壞念頭，請你讓別人走進你的內心。

選擇一個人奮戰，看似英勇，但在這種面對難關的絕望時刻，不如替自己找個盟友。然後，好好活下去。

偶爾麻煩別人也沒關係

英國詩人約翰·多恩的詩作《沒有人是一座孤島》裡這麼寫著：「沒有人是孤島，沒有人能自全，每個人都是這塊大陸的一片，主體的一部份。」

這就是人類啊。我們是名副其實的社會動物，難以摒除其他人的存在而獨自存活。既然群體裡的其他人偶有需要我們相助的時候，那麼我們為何要執拗地禁止自己向他人求助呢？

家筠跟著知名舞蹈家學習已有一段時日，但因為她生性客氣拘謹，不願勞煩別人，所以總是自己悶著頭練習。一日，老師經過教室時，見到家筠獨自在練舞，於是問她：「你也跟著我一段時日了，學習上有碰到什麼困難嗎？」

家筠連忙說道：「謝謝老師關心，一切都很好。」

又過了一段時間，老師在指導其他學生之餘，見家筠自己一人埋頭苦練，所以又問：「家筠，你最近有遇到什麼問題嗎？如果有的話，就要主動問。」

家筠想了想，卻還是說：「沒關係，老師您忙，您還有整個舞團要照顧，我自己來就行了。」

老師深知家筠害怕給人添麻煩的性格，於是板起臉嚴厲地說：「好，那請你現在就跳一支舞，我要驗收。」

家筠順利地跳完整支舞，但她心裡清楚，除動作標準確實之外，她的表現跟最初相比，並沒有好上多少，甚至可以說是停滯不前。

老師說道：「唯有不斷探索與彼此激發，你才能有所長進，如果你都不向別人求助，僅是一個人悶著跳，雖然功夫練得深，但靈魂的呈現卻是停滯不前。」

家筠情急辯道：「可是老師您這麼忙，我要是再給您添亂，就太不識相了！」

老師嘆息道：「為什麼我可以為其他學生忙，可以為其他繁瑣的人事物忙，就不能為你而忙呢？」

這是相當有趣的一件事，很多時候我們在面對困難與低潮時，反而更孤立自我，不願麻煩別人。因為我們認為自己只要再努力一點就能夠解決困難、只要再撐一下就能度過難關，也就是「我們自己就能做得到」。既然如此，我們何必要麻煩別人，何必因此曝露自己的缺點與軟弱？

然而，這種心態說是謙遜，其實是因為我們擔心對方會嫌自己麻煩，擔心一旦我們開口請求幫助，對方就會漸漸地疏遠我們。我們害怕看到對方不耐煩的神情，我們害怕被拒絕。

你過於擔心失去愛，已然成為一種習慣。以至於即使他人主動伸出援手，你都反射性地拒絕他們。但是，我要請你仔細回想這種渴望與人產生連結的感受，這種知道自己並非一個人活在世上的感受。那才是你最原始的願望，不是嗎？

所以，別再拒人於千里之外，別再妄想獨自扛下一切。請你換個角度想，每個人的能力都是有限的，透過他人的幫助，你才能把事情做得更好，才能活出最真切美好的自己。敢於求助，說明你有勇氣承認自己的不足。記住，哪怕你表現得不好，哪怕你失去信心，哪怕你覺得身邊的人都已經放棄了你，你都不應該放棄這個拉自己一把的機會。

如果無法消解孤獨，就享受它

我們是群體中的個體，難以完全脫離社會而存活，也無法完全消解孤獨的感受。沒有人不曾感到孤獨，但這世界上的人分為兩種：害怕孤獨跟享受孤獨的人。

害怕孤獨的人會竭盡全力尋求避免孤獨的方法，所以他可能會瘋狂地填塞自己的生命，盲目地彌補內心的虛無，導致他的精力大量消耗，不足以消化自己的人生，就這麼在低潮與虛無感中無限輪迴。

最近，小齊的事業與家庭兩頭燒，他白天必須上班，下班後又得照顧脾氣暴躁的老父親。並非他不敬愛自己的父親，只是小齊真的快被壓得喘不過氣。因為積鬱於心的種種負面情緒無法排除，讓小齊覺得全世界只剩他一個人在奮鬥打仗。這天，難得提早從公司下班，小齊卻不想回家。

小齊左思右想，決定在社群網站上發一則貼文，內容如下：「誰可以現在就來陪我痛飲一番？」

結果那夜小齊喝得不省人事，連自己怎麼回到家的都記不太清楚，醒來時已是隔日下午，不僅頭痛欲裂，還錯過了工作。然而你問他，那個當下他是否遠離了孤獨？他無法否認無意義的尋歡作樂只有讓他更感寂寞。

既然我們註定無法消解孤獨，何不乾脆當個享受孤獨的人？工作與生活的種種煩憂已經佔據我們太多的時間了，如果連這一點自由的時刻，我們都在盲目與混沌中渡過，不是太過浪費了嗎？

一旦你感到孤獨，不妨誠實地面對自己的感受，好好消化生活帶給你的苦難與情緒。因為唯有趁著此時，你才有機會冷靜下來，趁機找到解決生活裡各種煩惱的方法，才能積蓄自己的能量，再奮力地一舉從低潮中解脫。

樂觀不天真，才能真正扭轉情勢

悲觀主義者在每個機會裡看到困難；樂觀主義者則在每個困難裡看到機會。

——英國首相，溫斯頓．邱吉爾

一日，你覺得生活已經煩悶到令你無法忍受，於是你打電話邀約朋友聚餐，希望你的智囊團們能提供你改變現狀的建議。然而你吐完苦水後，他們給你的答覆卻是：「想開點，反正事情也不會更糟啦。」

大家都在告訴你，只要你保持正向的思想，一切都會好轉，但是你聽完後通常只會更難受，因為他們的勸慰詞對你一點幫助也沒有。「所以只要我找出能讓自己重新快樂起來的小確幸，我就應該繼續忍受現況嗎？」你不禁心想。

其實你誤會了。樂觀，並非要你天真且盲目地接受現況，並非要你逆來順受，成為現實生活壓榨的奴隸。畢竟，如果正向思考無法幫助我們改變未來的人生，它又有何用處呢？只是幫助我們自欺欺人罷了。所謂的樂觀是面對任何事情都採取正向的觀點，它的目的是幫助我們保有「認清」現實的氣力，不至於因此被壓垮而無法在人生旅途上繼續前進。

成為情緒的主人，別讓它主導你的行為

你並非注定要成為情感的奴隸，而是要成為自己的主人。但是每當你試圖通過全力圍剿的方式驅除心頭的陰霾，卻一點用也沒有，反倒有種深陷流沙而使不上力的感覺，結果越掙扎越無法逃脫。所以，你覺得情緒是隻難以駕馭的猛獸，時常左右你的心智，使你做出錯誤的決定，從而無法妥善發揮自己的實力，只能在事後懊惱自己本來可以做得更好。

英傑是消費電子產品公司研發部門的組長，年輕又對工作充滿熱情，能力也也頗受經理青睞。這天，他被委以重任，負責領導新商品的專案設計。英傑起初相當興奮，這是他可以大展身手的好時機，但是出乎英傑的意料，他很快地就碰到瓶頸。

原來，參與這次專案的成員有注重美感的商品設計師、想要突破現今科技限制的研

發人員與付諸實行的技術人員，大家分別有不同的堅持與想法，導致過程裡狀況不斷。為了達到每個人的要求，專案執行的時間是越拖越長，英傑也因為短時間裡無法拿出一定的成果而感到沮喪。從前那個活潑積極的他，如今變得沉默寡言，甚至因此影響他的判斷能力，導致團隊內部的溝通成效更差。

當你遇到與英傑雷同的境況時，請你別讓情緒決定自己的反應，你要馴服情緒猛獸。也就是，試著將你的感受從現實中抽離，因為光是哀嘆「這件事好難」或是「為什麼一切是那麼地困難」是無法改變現況，只會讓決策變得更加窒礙難行。唯一的方法，是你專注於解決問題，並且尋找轉機。

所以，保持正向的心態就是你首要的課題。雖然要做到並不是件容易的事，但對於一個思維受到過良好訓練的人來說，是完全能夠迅速地驅散他心頭最濃密的「憂鬱」陰雲，你只需一點思維的技巧，而這種技巧能使人形成正確思考的習慣。

過於沮喪低潮時，請你反過來放慢自己的思緒，停下來好好研究究竟該如何反應，你才能避免自己的行為受到情緒的牽制。舉例來說，當你與技術人員合作進行一件專案時，對方數度排斥你的建議，並表示你的要求難以達成，此時，雖然你對他的回答相當不滿意，但與其怒氣沖沖地要他一定要辦到才行，不如冷靜想想你真正的目的是什麼？你是希望對方達到你的要求。既然如此，以和緩的語氣與對方討論，既同樣能傳達你的意思，又不會因此傷到團隊士氣。

緊接著，請你認清現實。因為你如果沒有打從內心承認自己已經遇到困難，你將會產生逃避的悲觀念頭，例如：「為什麼這種事情偏偏發生在我身上？」而導致你的負面情緒持續循環。一旦你真心接納現實，才能打起精神來思考解決問題的方法。

正所謂：「慢慢來，比較快。」你會發現，有時候放慢速度處理情緒，反而能更快地解決你的問題。從現在開始反覆練習吧，你也可以得心應手地掌控自己的情緒！

笑容吸引力，讓人們喜愛親近你

我曾認識一位被「憂鬱」纏身的人。這個人幾乎是一個善於以悲傷情緒感染他人的高手，只要你看他一眼，你也會和他一樣變得憂鬱。看他的外表，你一定會認為他此刻正承受著人間的一切苦惱。無論你是多麼地富於激情，他冰冷的表情和使人洩氣的話語，總能使你透心冰涼。每當他待在我身邊時，我都感到自己一下子掉進地牢裡。

沒有人願意跟經常愁眉不展的人生活在一起。如果一個家庭中有一位牢騷滿腹的成員的話，那麼整個家庭往往都會受到不良的影響。他不滿意天氣，也不滿意家庭其他成員的計畫。無論家人什麼時候外出或無論家人們去什麼地方，他都不願和家人們一起行動；他不僅自己不快樂，而且還使得其他人也不快樂。

所以我們逃避牢騷滿腹的人，就如同我們不願看到那些印象不良的畫作，因為我們天性喜歡美麗和諧、令人愉悅的人與事。

許多人之所以無法達成他們本可達成的目標，原因就在於被他們低落的情緒扯了後腿。所以，你不妨換上笑容，以開朗的心情面對眾人吧。因為你給人們多少愉悅，人們就對你有多少喜愛，一旦你讓人們願意主動幫助並親近你，你就能扭轉現階段的情勢，找回得以發光發熱的人生舞台！

放自己一馬，人生不可能盡善盡美

走到你所能看到的最遠之處，因為當你到了那兒，你便能看得更遠。

——英國歷史學家，湯瑪斯·卡萊爾

《戰爭與和平》的作者列夫·托爾斯泰曾說：「如果你追求完美，你永遠不會滿足。」有時候我們太過急切地想要做好一件事，卻怎麼樣也沒辦法使自己滿意時，憂鬱的情緒就隨之滋生。

如果你認為做到最好，你才能真正地心滿意足，那麼你將面臨永無止盡的折磨。當你滿心愉悅地一頭栽進一個計劃時，請你別好高騖遠，不如先做好自己有能力做的事吧。只要做好自己能力所及之事，屆時，你的眼界與才幹自然而然會提高。

適切地期望未來，而非好高騖遠

我們都對未來有所期望，都希望自己能

在各方面拿出良好的成果，畢竟沒有人是因為想要「失敗」而去做一件事情的。然而，過猶不及。追求完美的人所承受的壓力，比不追求完美的人所承受的壓力還要大得多，但是前者的成就卻不一定比後者來得高，因為當我們把目標訂得太高，就更容易遭受挫折，而且會以「是否達到這個不可能的目標」來衡量自己的價值。導致我們不斷地鞭策自己，卻又同時對自己感到不滿，結果負面情緒越堆越高，影響到我們的工作成效跟自尊心，甚至因為壓力過於龐大而中途放棄。

這豈不是太不划算的一件事。

所以從現在開始，你應該要正確認知自己的實力，才能為自己訂定合理的目標與期望。然而，究竟該如何正確認識自我呢？正如同你透過長久的觀察而認識他人一樣，你可以用自我覺察的方式了解自己是個什麼樣的人，有什麼樣的優點與缺點。一旦你每日坦然地對自己的言行與思想進行反思，你便能認知到自己的不足，並且調整學習的目標與路徑，一步一步地成長。

當然，有時候不免還是會出現「當局者迷，旁觀者清」的情況。此時，你不妨以人為鏡，藉由他人對你的評價與態度來認識自己。也就是，當他人提出批評時，請你先不要急著跳腳反駁，而是聽聽對方怎麼說吧！雖然你不該將他人對自己的評價當作自我價值的唯一依據，但完全忽視的話，你也可能會錯過看見自我盲點的機會。

只要你深入了解自己，就能逐漸找到自我期望與能力之間的平衡點。未來的道路上，你的前進速度或許會有點緩慢，但每一步都將帶給你豐碩且紮實的回報！

走自己的道路，別為他人而活

你是為誰而活呢？在這個說長又有點短的人生裡，你是為自己的父母、兒女，還是情人而活？如果你是為他人而活，請你進一步去想，這樣的你究竟是在過自己的人生，還是對方的人生？

一日，我跟友人小敏相聚，談話間，我們聊起彼此究竟想成為一個怎麼樣的人。小敏沉思許久後，緩緩地說：「我不知道。不過我倒是可以告訴你，我的父母希望我是個怎麼樣的女兒，我的弟弟希望我是個怎麼樣的姊姊，我的先生希望我是個怎麼樣的太太，我的兒子希望我是個怎麼樣的媽媽。」聽到小敏的話，我不免覺得有點感傷。

你是否也像小敏一樣，困在他人對你的期望之中呢？

你可能擔心他人覺得你難相處，所以無論別人做什麼決定，就算你心裡根本不喜歡這個決定，你都會回答「沒問題」，漸漸地你甚至聽不到自己的想法。你期望得到父母親的肯定，所以你選擇父母親希望你從事的職業，即便這意味著你必須花幾十年的時間忍耐這份自己根本不擅長又不喜歡的工作，等到你忍無可忍時，才發現青春年華已經一去不復返；又或是為得到眾人的關注與支持，你一點一滴地改變自己的理念與堅持，甚至忘記自己成為作家的初衷。

這種為他人而活的人生，不僅會迷失自我，最可怕的地方在於，因為你過於渴望他人的認同，所以時常處於擔心他人失望的心焦恐懼之中，最終你將精神耗弱，失去對人生的熱情。

日本哲學家西田幾多郎曾作詩一首，裡頭寫道：「人是人，我是我，然而我有我要走的道路。」所以，當你遭遇低潮的時候，不妨從現存的生活中跳脫出來，仔細看看自己的人生軌跡，看看你究竟是在自己想走的路上，還是在走別人希望你走的路。也許最後你會發現，你之所以再怎麼努力也無法突破現況、再怎麼樣也無法找到熱忱，是因為你過得不是自己的人生。

擦拭心靈的妝容，誠實面對自己

我們是如此慣於在人前偽裝自己，
最終連自己也被蒙騙。

——法國作家，弗朗索瓦．羅舒夫戈

為避免接下來的一整天都被負面的情緒影響，你是否會站在鏡子前，安慰自己一切都很好？適時的鼓勵確實能樹立樂觀的態度，但若只是一味地說服自己過得很不錯，而沒有真正停下來處理情緒，卻也非長久的解決之道。

當你覺得糟糕的情緒襲上心頭時，不妨深入地探索它的源頭。畢竟，人生於世本就會有各式各樣的情緒感受，我們若是不斷地壓抑它，只剩下佯裝出來的自信與樂觀，那將是一個失去趣味且麻木的人生。

即時疏導情緒，擁有健康身心靈

如果一個人絲毫感受不到畏懼，那他能否體會勇敢的真義？我還記得年幼時，長輩們看見我對某樣事物露出恐懼之情時，都會正色地喊道：「哭什麼哭？」我一聽，也只能強忍淚水。今日回想起來，覺得這麼要求一個年幼的孩子實在有些殘忍，畢竟人類與生俱來即有七情啊，哪能如此呼之即來，揮之即去呢？

正因為我們從小被教導，展現負面情緒會帶來不好的觀感，並對我們的生活產生危害，所以我們已學會將之收斂於內心深處，讓它們成為難以啟齒的存在。久而久之，我們還真以為這些被壓抑下來的情緒從此消失不見了。殊不知，我們只是將這些情緒堆積，再堆積，最後促成一次巨大爆發，害自己遍體鱗傷。或許就連此時，我們都不知道自己究竟為何會情緒崩潰。

我的朋友嘉偉脾氣溫和，似乎不管遇到什麼令人厭煩的事情，都能讓它隨風而去，不再掛念。一日，我問起嘉偉的近況，起初他只是平淡地敘述自己在公司裡遇到的波折，但隨著情境敘述越來越詳盡，我驚訝地發現他的語氣也逐漸激動起來。

一吐為快後，嘉偉訝異地說：「天啊，我直到今天說出口，才知道我原來對這件事那麼地生氣！」我不免覺得好笑，這個人也太不瞭解自己的情緒了。

為不影響周遭的氣氛，並與人和平相處，你曾經將自己當成一個沒脾氣的好好先生或好好小姐嗎？確實，無論在職場、家庭或是朋友圈裡，維持良好的人際關係都非常重要，但這不代表你不能表達自己真實的情感與想法。你可以透過理智來引導自己，並讓每一次的情緒發洩成為更瞭解自己的契機，進一步完善與提升自我。藉由這樣的磨練，逐步累積自己的涵養與人生智慧，屆時你離成為一個快樂的人其實也不遠了！

把話說出口，就能淨化多疑的心

有一陣子，我察覺同事朱蒂對我的態度不太對勁，說話是句句語帶刺，但我左思右想，仍不明白自己究竟做了什麼事，導致她如此生氣。一日，忍無可忍的我決定直接問道：「我看得出來你在生我的氣，你可以告訴我是為什麼嗎？」

朱蒂略帶不可置信的口吻說：「你是在裝傻吧？你居然不知道我為什麼生氣？我生氣，是因為你有事情瞞著我啊！」

原來朱蒂不滿的原因是，我曾當著她的面躲到一邊講電話，所以她就認為我肯定是不願意讓她聽見談話內容。

我哭笑不得地說：「那是通工作來電，我只是想確保不被干擾而已，沒想到你會這麼介意。你既然有這個念頭，為什麼當時不直接問我呢？」

你也曾經出現這種情況，或是身旁有這樣子的人嗎？例如：一群朋友相約於彼此共有的空閒時間看電影，結果無法出席的人就認為你跟大夥兒故意孤立他，但你僅是因奔波於家庭與工作之間，無法再擠出其他時間。

又或是，你認為主管與同事的隻言片語都是在針對你，所以時常有被冒犯或是被孤立的感受。當你懷疑其他人時，其實亦是在自我懷疑，因為在那個當下，你對自己的存在價值感到動搖不安。而這種敏感的反應不僅使當事人痛苦，也會讓周遭人非常疲憊。所以，與其花費數日去胡思亂想，你不如花個一分鐘坦率地跟對方講清楚吧！

一旦你得到實際的答案，就自然而然可以放下煎熬的無間地獄。即使最後對方真如你所猜測的在針對你，你也可以因此得到實際的批評，用多出來的時間逐步校正自己，在未來的旅途中找到更優秀的自己與心曠神怡的感受！

利用外在環境，感染你躁鬱的靈魂

弱者受制於環境，然而智者卻能利用環境。

——愛爾蘭作家，山姆．勒夫爾

「能活著是一件多麼美妙的事！」你是否很久沒有這樣的體悟？

一段充滿活力的人生，是由富有生機的每一日構成，而正所謂一日之計在於晨，美好的一天是由一個愉快的早晨開始。所以，在你繼續質疑自己現階段的生存意義而日日痛苦掙扎之前，請你先捫心自問，你多久沒有擁有一個愉快的早晨？

別急著快速殲滅人生低潮感，你不妨從賜予自己一個神清氣爽的早晨開始。一旦你能盡情享受生活，舒舒服服地為自己煮份豐盛的早點，而不是讓混亂與疲憊佔領你的思緒，讓自己像熱水中的茶葉慢慢覺醒，緩緩舒展開來，你今天定會度過美好的一天。

藉由生理帶動心理，大腦就能重新開機

晴朗的星期天下午，家人見我因為連日的繁忙而顯得有些無精打采，要求我跟他們一起去散步。我第一時間就拒絕道：「我實在沒有精神出門，你們還是自己去吧。」話是這麼說，我最後還是屈服於老父親不容拒絕的目光。於是我摸摸鼻子，自認倒楣地換上便裝。路途剛開始，我感到相當煩躁，腦裡想的都是我那張舒適的床。

看出我的心思，父親說道：「沒有陪我們走完全程，你不許回去。」

我承認，也許是陪伴父母親出門的關係，當時的我有種回到青少年時期的感受，所以才鬧了點小孩脾氣。仔細想想，老父親說的也是，所以我認命地拋開亟欲返家獨處的念頭，隨著父親信步走在街頭。有意思的事情發生了，不知不覺中，我的氣力又重新灌進乏振無力的四肢，胸口的鬱悶感也漸漸消退，我的精神竟一點一滴地振作了起來。

我們步履輕快地沿著公園走，即便走了約一里多的路，仍覺得全身舒暢，彷彿原先的疲憊只是我腦中幻象！老父親與老母親牽著手，望著街道巷弄裡的一棵盛開黃花風鈴木驚嘆道：「看，多美啊！」盛開的花縱然好看，但我從不覺得滿樹澄黃的花有多麼特別，聽父母這麼一說，我便又抬頭看了一次，那時我才真正了解其中的趣味。它的顏

色、它盛開的姿態都傳達出一種振奮和活力。

母親笑吟吟地轉頭說：「你終於笑啦，我看你已經愁眉苦臉好幾天囉。」

我終於明白這正是關鍵所在。當我們覺得心情舒暢時，就會情不自禁地表現出快樂的神情，同時懂得欣賞萬物，心中的幸福感也油然而生。所以，感到沮喪時，你不妨也沿著街道快步疾走一番。這麼做可以鍛鍊你的大腦，使你的情緒流瀉。一旦你的心境開闊，容光煥發時，生命也將呈現出新的意義。想要獲得人生的深度樂趣，首先要感覺正確，而想要讓自己的感覺正確，則必須好好對待自己的身體。

在這之後，要好好對待自己的心靈。你期望快樂，便會找到快樂。你尋找什麼，便會發現什麼。這是人生的基本法則。所以開始找尋快樂吧，你一定不會失望的。

替自己塑造能量滿分的環境

現實生活裡，我們偶爾會遇到這種情況：我們快快樂樂地到大賣場買東西，回到家清點後才發現，其實有些東西根本沒有購入的必要。我們之所以會將它從賣場的架上拿下，是因為賣場的陳設或是標語激發我們的購物慾。

或是像這種情況：我們原本精神奕奕地出門，但半途中卻突然感到異常煩躁。其實，這種看似莫名其妙的變化，是因為我們受到周遭環境的影響，自然產生的相對反應。

倘若你我都知道環境很容易左右我們的心智、我們對於事物的態度，進而決定我們的人生，那麼我們何不主動替自己營造充滿正向能量的環境呢？讓自己沉浸於那樣的環境之中，漸漸養成達觀正向的思考習慣。

舉例來說，有些人是通過與孩子嬉戲而擺脫疲憊的心緒；有些人則在劇院裡、在愉快的談話中，或是閱讀愉快的書籍時，使自己從沮喪中恢復過來。

正如陽光射進後黑暗就消失一般，我並非要你直接把困擾自己的心靈烏雲驅逐出去，而是引進一縷減輕黑暗的陽光。當你情緒低落、愁腸百結時，不妨停下自己手頭的工作，從事其他一些截然不同積極活動，屆時負面的思想就像只能在陰濕環境中滋長的昆蟲一樣，自然而然地離開這個不適合它的環境。

如果你暫時沒有樂天知命的性情，那麼就主動塑造能量滿分的環境吧！讓外界來影響你的心情，屆時你的身心頻率很快地就會達到一致，順利走出憂鬱困境。

奪回被「嫉妒感」侵占的人生領土

嫉妒儘管可怕，但它並非完全是個惡魔。想要擺脫它，你必須像拓展大腦那般拓展心胸，並學會像宇宙萬物那樣逍遙自在。

——英國哲學家，伯特蘭．羅素

一旦某個人被形容為「善妒」，周遭那些尚未深入認識他的人就會即刻對他產生防備心。因為伴隨嫉妒心而來的惡行總讓人避之惟恐不及，誰也不願遭受無妄之災。

然而有趣的是，閱讀文學與戲劇創作時，人們的態度卻不太一樣。當我們看見一個角色，他在任何時候都絲毫不會產生一點嫉妒心，我們又不免覺得這個角色平板且不可信。更多的時候，這些角色帶有嫉妒之心，反而會讓人覺得情有可原，不忍過於苛責。

那是因為我們心底都明瞭，世界上實在沒有毫無嫉妒心之人，只有學會用理智克制自我而不外顯者，以及能將嫉妒之情轉化為正能量的人。

用光芒驅逐你對自己的不滿

杰宇跟國華是好朋友，他們畢業後就在同一個實驗室裡工作。近日，杰宇跟國華合寫的論文在學術界引起不少關注，也因此接到雜誌社的採訪邀約。然而，整篇採訪內容都著重在國華的成就，對於杰宇只是略帶一提。杰宇一直以來都知道國華比自己有才能、比自己更有名氣，但是他對這項研究的貢獻絕不亞於國華，他不懂憑什麼讓國華一個人獨占光芒？杰宇這才發現，原來他對國華的嫉妒之情已經累積到無法阻擋的地步了。

你是否也曾擁有相似的感受呢？你因為過於嫉妒他人，所以產生想要傷害對方的負面意念，忍不住在背後議論對方、忍不住說出貶低對方的話。更糟糕的是，這種因嫉妒而產生的惡行，不僅使你開始質疑自己人格，還導致一些無可挽回的事態，例如：多年的友誼因此破碎；又或是人們害怕被中傷而遠離你。

人生在世，沒有人是徹底的強者，也無人會是徹底的弱者。一旦被嫉妒折磨得不成人形，你可以藉由尋找自身優點來平衡你的情緒。在那之後，你就能以清澈明白的目光發掘對方的優點，從而向他學習。畢竟，你的瓶頸與低潮並非對方所造成，將思緒與力量浪費於貶低對方之上，只是拖垮你持續前行的進度。

愛自己，全宇宙都將幫助你

當你為自己塑造出自信樂觀的形象，而世界在你的眼中總是美好豐富且多彩的，所有人在你心目中也是熱情友善的，就會讓你的行動顯得自然大方、愉快真誠，從而消除他人對你的防衛心理，漸漸地，他們也就真的會喜歡上你。

反之，一個不喜歡自己的人會過度自我挑剔。雖然適度的自我批評對於自我進步有其必要性，但若超過一定的程度，則會影響你的積極行為，甚而使你自我厭惡。試想，這樣還有誰願意喜歡你呢？畢竟那是多麼辛苦的一件事。

如果你只有從他人身上才能得到快樂或滿足，無疑是增添對方的負擔，並且將影響彼此之間的關係。唯一的解決辦法是，喜愛並且欣賞自己，唯有如此，你才能培養出健康成熟的個性，從而增進與他人應對的能力。

所以現在開始學習喜歡自己，一旦你這麼做，你會發現不知不覺間，整個宇宙都在幫助你！

用美麗的心念，踏上人生的奇幻旅程

人們只喜歡計算他們的麻煩，不喜歡計算他們的喜悅。

——俄國作家，杜思也耶夫斯基

每當遇到任何煩惱的時候，你都要想，如何讓自己更快樂？每一次遇到挫折的時候，你都要想，成長的機會要來臨了。每當遭逢壓力時，你都要告訴自己：「我一定要享受這期間的樂趣和過程。」

有時候你無法選擇自己必須做的事情，因為它來自於他人的要求。雖然你無法控制這件事情，但你永遠可以改變做這件事的心境。

你可以高高興興、快快樂樂地去做一件事情，也可以很痛苦地去做，假如你能夠選擇快樂，為什麼要選擇痛苦？

你要知道：快樂是一種選擇，痛苦也是一種選擇。而每做一件事情，你都要選擇快樂，選擇享受。

培養優雅的心靈

世界上沒有哪一種投資，比培養「美的鑒賞」更有意義。因為它能將永恆的喜悅帶進你的生命，將你的生命渲染成虹彩那般地美麗。它不但能增加心靈的快樂容量，還能增高你的品格。

「美」是生活的更新者，它可以恢復你的元氣、促進健康，甚至賦予你生機。所以無論你做什麼，都不要為了金錢，不要因此而拋棄或摧殘生命中最高貴、最優美的成分。你應該利用種種機會，將「美」灌注於你的生命之中。

若你愛好美的事物，那麼你的生命中自然能含有美的成分與美的思想，你對美的鑑賞也會顯露在你的外貌行止之間。不論從事何種職業，只要愛美，你的生命一定會被淨化、被提升、被豐富，你將成為人生的藝術家，而不僅是一名藝匠而已。

最美的事物並不僅僅是形象的，而是指你生命中的內在之美。即使是面貌奇醜的人，也可以使他自己的生命變得美麗，只要心中常常懷著美的思想——不是外在的美，而是心的美，如仁慈寬厚的精神、愉悅的態度。

培養美的鑒賞力，其重要性與培養「智力」相等，你應將「美」當成是生命中最寶貴、最要緊的元素，並視之為最神聖的工具。世界上再無第二種投資，比培養優美的「自我」，培養愛好美麗與崇高來得重要。

曾經受過相當程度美育的人是幸運的，因為他有一筆在任何情形下都不會被人奪去的遺產。而這筆遺產，只要從即刻起稍加努力，則人人皆可取得。

享受旅途的風光

阿彥從小到大都被認為是一名失敗者，覺得世有不公的他決定找老天爺問清楚，究竟何謂成功？在這趟踏片萬重山的旅途中，阿彥遇到一位老漁夫，於是阿彥請教道：「老先生，請問什麼是成功？」

老漁夫答道：「如果我每天都能釣到魚，收穫滿載，那就是成功！」

阿彥繼續前進，並穿越森林。幾日後，他遇見一名獵人，於是阿彥問道：「你覺得何謂成功？」

獵人答道：「對我來說，成功就是每天都能捕獲獵物，成為村裡最厲害的獵人。」

阿彥向對方道謝後，又繼續趕路。最後他終於找到老天爺，於是絕望地問道：「您可以告訴我，成功究竟是什麼嗎？因為我問了好多人，每個人給我的答案都不同。」

老天爺笑了笑地說：「你的這段旅程就是成功。成功是你的生活，成功是你的經驗，成功是你途中留下的汗水。你不應該執著於成功，而忘記享受中間的過程。」

阿彥頓時明白了。於是辭別老天爺的他回到家中將旅途上的所見所聞記下，並把期間得到的每一個經驗與體悟使用於接下來的人生。因為他不斷地成長，最終沒有人再認為他是一個失敗者。

年輕的時候，我做事相當看重結果，我認為只要我沒能交出漂亮的成績，就是失敗。然而隨著閱歷豐富後，我發現一件事，那就是，人生的過程是漫長的，其結果卻是短暫的。享受人生，指得是享受人生的過程，而不是為求品嘗最後的果實，導致步伐匆促，忽略途中的美麗風光。記住，人生就像爬山，你太執著於山頂風光，就會忽略山間的飛瀑溪流。所以請你從容，再從容，人生的旅途上處處是美，只要你特別留意，你從它們身上得到的回饋，將比你想像得還要豐富精彩！

12星座救生繩：你應該如何對付情緒低潮？

牡羊座：

天性樂觀的你對日常挫折的承受力高，然而一旦你陷入低潮，神經就變得異常敏感，常常將他人的關心當成負面的批評，結果因人際關係出現裂痕而更加失落，難以振作。衝動行事的你與其找人傾心訴苦，其實更適合藉此遠離人群，沉澱心靈。所以對你來說，獨自出門散心不失為一個整頓身心的好辦法！

金牛座：

你的忍耐力超乎常人，所以你通常會盡力克制自己的情緒，導致最後變成一個人獨自生悶氣，旁人也因為你的疏離感而開始埋怨你。因為你的個性易鑽牛角尖，建議你適時地敞開心房，尋求親朋好友的協助。畢竟，心靈的承受力終究有限，倘若你選擇繼續自閉下去，十分可能遭遇情緒崩潰。

雙子座：

伶牙俐齒的你簡直就是人生的編劇，總是想東想西，自己嚇自己。所以你的表現會異常極端，可能是數日一言不發，或是大肆抱怨，刻意毀壞自己的人生。這種大起大落的情緒將使你精力耗竭，喪失振作起來的意願。所以一旦你發現自己出現負面的思考，就必須及時轉移自己的注意力，避免進一步沉淪。

巨蟹座：

擅長照顧他人情緒的你，反而不懂得處理自己的低落感，所以你會努力找事情讓自己忙，讓自己沒時間去煩惱。除了這種麻痺自我的應對機制，其實你可以採用更正向的方法，就是專心照顧自己的情緒，買點禮物犒賞自己。別緊張，偶爾享受物質帶來的樂趣也沒有關係的！

獅子座：

你的真性情讓人們都喜歡親近你，但情緒低落時，要強的你不喜歡讓大家見到你憔悴的一面。如果你想要迅速振作，並以王者的姿態出現在眾人面前，建議你將自己遇到的困難條列式寫下，藉以整理繁亂的思緒，一旦思緒清晰，你就能攻克種種人生窘境。堅持下去，豁然開朗的明天在等著你！

處女座：

面對人生問題時，你總是異於常人地淡定，會不停地在心中計算你必須承擔多大程度的風險。如果你因為無法立刻解決問題而陷入情緒低潮時，整個人就會散發「生人勿近」的氣息。就算你有解決問題的能力，還是會有宣洩情緒的衝動，所以請你別過度壓抑，反而可以多多嘗試刺激卻有益身心健康的運動，徹底清空自己的情緒之後，你的人生視野將再度清晰。

天秤座：

你的心永遠向著自己，跟你無關的人事物其實都無法引起你太多的情緒反應。一旦你陷入情緒低潮，就是因為你發現自己受制於人，失去人生的主權。諸如：原本談定的約會被取消、事情的發展與你的想像有出入。因此，建議你多參與社團或公益活動，你不僅能從中獲得幫助他人的成就感，更能開拓自己的視野，重獲生命舞動力！

天蠍座：

思緒敏銳的你容易悲觀看待事物，因為自我要求高，就算你達成一件成就，通常也不會高興太久，目光很快地就會轉移到下一個目標。你反而是對一點小失誤無法忘懷，所以很容易陷入自我批判的低潮。因此，建議你向自己敬重的長輩或長官汲取人生智慧，專注於提升自我、充實內涵，屆時你會發現低落感不覺間已煙消雲散，而你的人生也進入一個新階段！

射手座：

你對生命充滿好奇，總是在尋找嶄新的賞心樂事。因為人生苦短，而你有忙不完的樂趣，所以你其實不太懂什麼是真正的低潮。只有當你被逼著承擔你不想要的壓力，你才會稍微感到情緒低落。例如，企畫案的進度不如你的預想，所以你必須重新準備而耽誤到玩樂。建議你稍安勿躁，不妨這麼想，你現在一切的努力都是為了收穫與享受更有意思的未來！

摩羯座：

你的個性率性帥氣，低潮時會變得異常冷酷，散發出「別靠近我，我自己就能解決問題」的氣勢。雖說這也沒錯，但請你不要因為過於專注解決問題而廢寢忘食。建議你先著手調整自己的人生規劃，制定符合現況並可望達成的下一個目標，別急著一步到位。一旦你的心緒安定下來，你就將能恢復往常的動力。

水瓶座：

你就像是個自然不做作的孩子，忠實地表達自己的情緒，所以光是在一天裡，你的情緒就大起大落好幾次。低潮時，你會覺得全世界都跟自己結了仇。但這種天真直率的性格也有一個好處，你只要大睡一覺後，煩惱就會煙消雲散。所以，如果你深陷長期的情緒低潮，建議你可以規劃一趟小旅行，只要改變身處的環境，你就能夠找回內在的力量，重新再出發！

雙魚座：

你非常在乎他人的別價。正所謂：「落花有意，流水無情。」你容易因他人一句無心的話動搖信心。此時的你就會做一些不理智的事。比如：不斷的重複抱怨；或反覆去思考已經發生而無可挽回的事情，期望能改變過去。建議你可以藉由單調的事務來消耗時間和情緒，像是專心整理家務，或是進行技術性質的作業都是不錯的選擇。

Step 2

重建自己的信仰，你比想像得更堅強

距離無情的戰火炮洗你的內心，已經很久很久了。

為什麼眼前仍是斷壁殘垣？

為什麼那座繁華強盛的城市尚未重建？

放下吧，放下你的自卑，

別再說自己已經心力交瘁，

別再說自己命途乖舛，

抹去你刻在自己心中的灰暗的圖景，

它使你以為，不管自己再怎麼努力，

都無法避免地會走向衰敗一途，

別讓它就此佔據你，深入你的意識與骨隨。

你註定要成為英雄，

你註定會再度崛起，

請你撿起地上的一磚一瓦，

用靈魂都為之顫抖的力量，

奮力地、堅定地重建內在的信心之城，

而這座信心之城，將比過往更強大且無法搖撼。

別對自己妄下斷言，現階段僅是人生驛站

無抱負之人的信念來自於他的成就，但有抱負之人的成就出自於他的信念。

——印度心靈哲學大師，親穆儀

我鮮少有時間看電視，那日偷得浮生半日閒，得以享受「漫無目的地切換電視頻道」這種微小慵懶的幸福。最後一個選拔節目吸引了我的目光。競賽者是一群天真活潑孩子，競賽主題是製作五星級料理。

「天啊，這是想逼死誰啊！」我當下心想。猶記得我跟這群孩子同年齡時，還只是個掛著鼻水到處亂奔的小蘿蔔頭呢。

也許你偶爾會閃過這樣的念頭：「十歲的我在做什麼？二十歲的我找到自己終身投入的熱情了嗎？三十歲、四十歲的我達到什麼樣的成就了呢？」結果，一旦你開始拿他人的成就作為審視自我價值的標準，就易因自己龜速的步伐而乾著急。

請你別急著藉此貶低自我。畢竟，人生真正的價值並非你是否取得世人認定的成就，而是你有沒有為自己的信念持續付出努力。

還不到蓋棺定論的時候

大學畢業後的那幾年，我正在為自己的未來拚搏，加上當時社群網站也不盛行，通訊聯絡沒現在便利，所以我有好一陣子沒跟同學聯繫，直到某次偶遇大學時期的班代。我們趁此相約用餐敘舊。席間我問起大學死黨們的近況。班代大致提了幾個人的職業後，對我說道：「但是阿明正在餐館當學徒。」

我為之一愣，放下就口的咖啡。這怎麼可能呢？阿明可是我們當中最聰明的傢伙，我總認為他一定比我們之中任何人更快取得事業的成就。班代大概是看出我的想法，聳聳肩地說：「人生真有趣，對吧？」

我也忍不住點頭附和。

多年之後，班代招集大夥兒開同學會，阿明也出席了。我訝異地得知，站在我面前的阿明已是一位名揚國際的大廚，並在歐洲當地擁有自己的餐館，且餐館的座位是一位難求。想起我一開始對阿明的評斷，我不免感到汗顏。

那時我才真正的明白，我們不該根據一個人的現職與成就來評判他，因為這很可能只是他通向更輝煌生命的踏腳石。判斷一個人的標準，應該是看他所擁有的抱負和確立的目標。重點並非我們在每個時間點做了什麼事，而是我們是以什麼樣的信念去做事。正如我的同學阿明兢兢業業，設法使每一件事都做得盡善盡美，以自己的努力和成就為榮，並在此基礎上積極尋求進一步的發展和提升。

所以無論你認為自己是多麼地笨拙，只要你有積極進取的心態和更上一層樓的決心，就不該對自己絕望；或許你認為自己太差勁，能成就一番事業的機率近似於零，但重要的並不在於你現在的地位多麼卑下，或者手頭從事的工作多麼微不足道，而是你有沒有為自己的信念而心存改進的意願。只要你心存改進的意願，只要你不局限於狹小的圈子，只要你希冀著攀登上成功的顛峰，並願意為此付出實質的努力，那麼你終將成功。因為正如胚芽積蓄自身力量而最終萌發出地面，你也將透過過持之以恆的努力逐漸遠離平庸，擁有輝煌而壯麗的人生。

過分批判自我，是在荼毒心靈

我還在攻讀學位的那段時間裡，因為共同的休閒嗜好，所以跟小森走得頗近。小森是個非常上進的醫學院學生，嚴苛的個性使得他難以親近，但卻是非常可靠的夥伴。因為他對事物的評斷能力非常高，許多同儕在進行研究或寫論文時，都喜歡徵求他的意見。當然，小森不僅善於評斷外界事物，他還將這種特長用在自己身上。

比方說，某日指導教授看完小森的論文後，笑吟吟地讚賞他：「小森，看來你已經漸漸上軌道囉，很好！」

但小森卻一點也不開心，反倒沉著一張臉，進行嚴苛的自我批判：「教授說我『漸漸上軌道』，那就表示我前幾個月都沒有進入狀況，表現很差。」緊接著，小森不斷地檢討自己究竟是哪裡做得不夠好，甚至陷於自我質疑的境地。最終，他的內在能量幾乎消耗殆盡，失去屬於人類的彈性，過著行屍走肉的機械人生。

你是否也跟小森一樣慣於自我批判呢？當你犯了錯，用不著別人來指正你，你就已經自責到無以復加的地步。你的肩膀上站著兩個嚴厲的惡魔，他們左一句「你這做得不對」，右一句「你那做得不好」，害你成天處在無休無止的自責中。

確實，自省能讓你認清自己的問題，而不推諉責任。然而過猶不及，過度自省將使你的情緒不穩定並對自己感到不滿，最後成為變相的自卑，喪失信心。

這種「都是我的錯」、「一定是我做得不夠好」的思想，是一種可怕的陷阱，它害你沉浸於失敗之中，遲遲不願前進。美國的神學家法蘭克．克拉克說過：「批評應該像雨水般，輕柔地滋養一個人的成長，但不傷害其根部。」這麼說來，過度的批評就像大洪水，它將沖垮你的根基，動搖你的信心。

所以從現在開始，請你別再鑽牛角尖，自願受縛於已經發生的過往，而是將目光放在可以努力並改進的未來，繼續活下去。唯有如此，你才能將自己的才能發揮得淋漓盡致，並且跟上眾人的腳步，並且大放異彩！

傾聽內心的聲音，發覺你的人生使命

當一個人真心渴望某樣東西的時候，整個宇宙都會協力幫助那人實現他的夢。

——巴西小說家，保羅．科爾賀

我所認識的每一個成功之人，內心都有一種使命感，他們都相信自己是為了一個特別的理由而來到世上，而這個理由就是他們正在從事的事情，因此他們覺得自己所進行的工作非常有價值。

你認為自己為什麼而生於這個世界呢？如果你不知道，趕快去找答案。

活出你的使命

立泳，是每一個游泳的人都必須學會的求生技巧，尤其是長程游泳時，你必須利用立泳才能在中途暫時休息，補充體力。立泳就是用雙腳踏水，使自己站在水中而不下沉。我遇過很多在生命中「立泳」的人，他們舞動手腳，卻哪裡也不去，他們停在原地觀望，等待遠方豐收的船隻，但其實永遠不會有人放下小艇，接他們上船。

然而，到底要如何才能發現自己的使命呢？你可以從夢想的核心開始，問問自己究竟想要什麼。其實「想」這個字還不夠強烈，你必須「渴望」，而且是非常渴望，你必須用盡全身的力量去渴望，連靈魂都為之顫抖的地步。這個在你靈魂深處、你非常渴望的東西，就是你獨享的人生使命。

有些人永遠在自己的生命中瀏覽，他們瀏覽別人的成功，並對自己無法獲得相同的成就而覺得懊惱。為什麼會有這種感覺呢？那是因為他們沒有信心，不相信自己也會成功。舉例來說，當你身無分文的時候跑去逛街，可能會覺得很受挫折，因為那些你想擁有的事物，已超出你的能力範圍。但如果你相信自己終有一天能負擔得起，那麼逛街也可以是件有趣的事。打從內心深處去渴望一個目標，並誠心相信自己辦得到，那麼何來的懊惱之情？

對某些人來說，真正成功的人可能是一個物質匱乏但精神生活豐富的傳教士，在某個不知名的邊界地區，偷偷地將聖經傳送到禁止傳教的地方。對另一群人而言，真正成功的人可能是父母、老師、癌症研究人員或發明家。所謂的成功，其實定義取決於你，只要你覺得某個人成功，那麼對你而言他就是一個成功的人。然而無論定義為何，他們都有一個共通點——活出自己的使命。

所以你不妨問問自己，你對成功人士有什麼看法？並從自己的回答裡，找出你對人生的期望。再問問自己，你如何判斷一個人是否真的成功？你就能得知你想成為一個什麼樣的人、過什麼樣的生活。最後請你相信，終有一天，你也會完成自己的使命。

定時維修理想之燈塔

當你日復一日做著相同的工作細項，日復一日走過相同的街道，你是否感到內心深處的抱負與理想已經消亡？儘管對其他人來說，你的外在表現看來與常人無異，但實際上曾經一度在你心靈深處燃燒的熱情之火已然熄滅，取而代之的是無邊無際的黑暗。你在這塊大地上行走，卻只是沒有靈魂的行屍走肉。你一度懷疑自己的生活究竟有什麼意義，對於這個世界，你的存在究竟有什麼價值。

很多時候你並非沒有雄心抱負，或是不知道自己的雄心抱負為何，因為它通常在你很小的時候就初露鋒芒。但若是你不仔細傾聽它的聲音，任由它在你身上潛伏多年，而不鼓勵與滿足它，那麼，它就會逐漸地停止擺動。原因很簡單，就跟許多沒被使用的物品一樣，當被棄置不用時，也就不可避免地趨於退化或消失。這是自然界的定律，只有經常被使用的東西，才能長久地煥發生命力。一旦你停止使用肌肉、大腦或某種能力，你原先所具有的能量也就在不知不覺間離開。

沒有得到及時支持和強化的抱負，就像是一個拖延的決議。隨著願望和激情一次次地被否定，它要求被認同的呼聲也越來越微弱，最終的結果就是徹底消亡。所以你要養成時刻檢視自己抱負的習慣，並永遠保持高昂的鬥志。要知道，一切都取決於你的抱負，一旦它變得蒼白無力，所有的生活標準都會隨之降低。你必須讓理想的燈塔永遠點燃，並讓它閃爍出熠熠的光芒。

請你仔細傾聽心靈深處「努力向上」的呼聲，並且時刻替自己的抱負加油打氣，你會發現，因為你養成有效地強化它的習慣，所以它將能擺脫萎縮死亡的命運，在你的內心生生不息。

難以撼搖的自信，就從肯定自己開始

生活並非易事，但那又何妨？我們必須有恆心，尤其要有自信，要相信自己的天賦是為用來做某件事，而且不計任何代價都必須做到。

——法籍物理學家，瑪麗．居禮

那天的讀書會比較特別，因為讀書會的其中一位成員情緒異常低落，大夥兒為了開導他，不知不覺將讀書會變成真心話分享時刻。始作俑者柏霖的年紀比其他人小上許多，看起來是個相當有自信且具上進心的年輕人，所以當他說出自己的困擾時，我其實有點訝異。

柏霖告訴大家，無論在哪一個團體中，他總是努力想成為最優秀的人。所以當他那天早上盥洗時看著鏡中的自己，恍然發現他不管多努力都不可能成為最優秀的人時，一股沮喪感隨之席捲而來。柏霖說道：「我這麼說可能有點矯情，但這就是我的真實感受。」

其實我懂這種努力想成為最優秀之人的自卑感受，畢竟我也曾跟他一樣年輕、一樣的好勝，但因為歲月的沉澱，我已能漸漸放下那種情緒。於是我問他：「你為什麼想成為最優秀的人？」

突然被這麼一問，柏霖有點頭昏腦脹，隨後才回答：「想得到快樂跟滿足感吧。」

我笑了笑地說：「但你怎麼知道那些優秀之人實際上有什麼感受？他是否真的優秀，又是否真的快樂，只有他自己知道，不是嗎？」

與其想成為最優秀的那一個，我們不如告訴自己：我就是一個優秀且快樂的人。

過度謙讓是自卑的表現

老莫是位製琴師，雖然已七老八十，但雙手仍然非常靈巧，技藝可說是舉世無雙。然而凡是人類皆有一死，老莫將常伴左右的助手叫來跟前，抬起巍巍顫顫的手說道：「我的柴火即將燒盡，所以得趕緊將火炬傳承下去。」

助手正以為老莫想將技藝傳承給他時，老莫繼續說：「但這是家傳技藝，我要確定這位傳承者是最優秀且有自信的人，你可以幫我去找一個這樣的人嗎？」

助手難掩失落的情緒，但還是順從地回應：「您放心吧，我一定竭盡全力地去尋找，絕不會辜負您的栽培和信任。」

老莫疲憊地笑了笑，看著助手轉身離開。

一年就這樣過去，助手找來的人才資質都難以達到老莫的標準，眼看就要沒有時間了，助手慚愧地跪在老莫的床榻前，懊惱地說道：「對不起，我讓您失望了。」

望著垂頭喪氣的助手，老莫悠悠地嘆了口氣說：「你確實讓我失望了。因為最優秀的人其實就是你，但這段時間裡，你卻從來沒有毛遂自薦。」

說完這句話，老莫便嚥下最後一口氣。助手這才明瞭，正因為他沒有足夠的自信，所以才喪失繼承技藝的資格。

謙恭確實是一種美德，但在關鍵時刻過度的謙恭而不敢主動表現，卻是一種消極的心態。很多時候並非你不夠優秀與缺乏才能，而是你自己放棄了表現的機會。

請你相信，你就是最優秀的那一人。面對競爭的時候，除了實力，自信也格外重要，它是關鍵時刻能夠奪取成功的強烈信念和力量。所以，在你積蓄實力的同時，也要常常肯定自己，畢竟如果連你都不相信自己，別人又該怎麼相信你，是吧？

不必比較，全世界只有一個你

我可以毫不諱言地坦承自己年輕時的得失心很重，本來可以過得十分快活的人生，時常被我自己演成一齣悲劇，就是因為我無法控制自己不跟他人一較長短，偏偏這種相較的行為，會伴隨鬱悶的情緒。我剛入社會時，一位前輩看出我的問題，便問我：「如果把自己和別人相比時，得到的只有自滿或灰心而已，你為什麼要跟別人比較？」

雖然我知道這已是老生常談，但前輩這麼問的當下我還真回答不出來，若要以「我就是沒辦法控制自己」來反駁，又顯得有些無理取鬧。確實，若是個聰明人，為什麼要做這種得不償失的事情呢？

我是獨一無二的個體，你也是獨一無二的個體，既然是獨一無二的，為什麼你不加以珍惜而怠慢自己呢？為什麼要以他人的人生作為標準，苛刻自己並且將就對方呢？當你說自己太矮、太胖或愚蠢時，你必定是設下一個自以為是的標準，而這個標準就是拿他人的特點來跟自己比較。當你把自己和一個聰明人相比而以為自己愚蠢，結果只是使你喪失自信，因降低自己認同而感到灰心，最後失去了努力的意願。更糟糕的是，一旦你產生「我很笨」的念頭時，潛意識裡，你其實已經立即接受你是笨人的意念。

拿兩個不一樣的個體來比較是沒有道理的。如果你真的愛自己，並期望取得扎實的自我成長，你應該跟獨一無二的自己比較，將自己的成績和昨日、上周、上個月或去年的成績比較。因為如果你當前正在重複過去曾做過的事，進步自然是合理的，畢竟多一天便會多出一天的經驗，有經驗便能做得更加得心應手、做得更漂亮。藉由這種良好的「比較」，你才能逐步建立自信，並因此有足夠的正能量去挑戰自己，取得更大的人生成就。

現在就著手了解自己過去一個禮拜的成績吧。然而，剛起步時切忌好高騖遠，造成眼高手低的情形，本週的你只要有所進展即可，之後再逐步調高難度。而如果真的有所進步，請你別忘記稱讚自己。如此一來，當你日後回首來時路時，你會驚訝地發現，什麼時候自己竟已走了這麼遠！

打破固有模式，制定你的全新風格

做你自己吧，因為其他的角色都已經有人扮演了。

——愛爾蘭詩人，奧斯卡．王爾德

人生於世，很難脫離「依賴」兩個字。

我們看到的每個人，幾乎都會依賴某些事物或某個人。有些人靠錢，有些人靠朋友，有些人靠衣裝，有些人靠家世，有些人靠社會地位，我們極少見到一個能完全靠自己的雙腳，堂堂正正地立身於社會的人。

你問，依賴他人有何不可呢？

我們當然可以依賴他人，依循他人走過的路，然而若是我們將全身的重量都壓在他人身上，當對方突然抽離時，我們就可能會摔得四腳朝天。所以當我們依賴他人的同時，也不應該忘記培養自己獨立成事的能力，因為只有一個有能力自立並且果敢有為的人，才能在未知的人生旅途中沉穩的前進。

永遠別停止質疑事實

當一個父親教小傢伙怎樣去做一件事時，我們偶爾可見小傢伙不以為然與不耐煩的神情。但如果小傢伙親自完成這件事，他會欣喜若狂。因為這種征服的感覺，代表他即將新增一種能力，而這會助長他的自信和自尊。

所以大學教育不會像國高中的教育那樣，告訴我們「如何做」、「能怎麼做」，而是僅提供我們工具，要求我們必須自己去思考、去研究如何讓工具為自己所用，由我們自己去實踐、發展屬於我們自己的使用方式。而這個過程裡的「艱難困苦」就是磨練我們的意志，並奠定我們日後成功的重要關鍵。

為什麼別人走的路就一定是正確的呢？為什麼某個人告知你一件事，你就毫不懷疑地認為它是事實？

一旦你將自己習得的知識照單全收，你將永遠無法脫離對他人的依賴，永遠只能當一個追隨者，自信也將逐漸萎縮。成功者從不模仿別人，他們也不為大多數人的意見所左右，他們自行思考和創造。他們常常自己制定計畫並付諸實施，然後從他們的經驗裡，逐步校正屬於自己的方向。

是你在侷限自己的生命

我在美國求學時，每日返家都會搭乘地鐵，地鐵的出入口處總會有一個斷臂的男子在那裏乞討，一隻空蕩蕩的衣袖晃啊晃，看了著實令人難受。一日，我因為與朋友相約，所以站在出入口處的一段距離外等待。然後我就見到乞丐拿著破碗攔住一位西裝革履的先生。那個男人看了乞丐一眼後，並沒有掏出身上的錢，反而大聲說道：「我不會給你錢的。不過，我們公司最近做工程，正好缺人手清理木材石磚，這是個賺外快的好機會，你願意幫忙嗎？」

乞丐一聽，相當惱火地說：「你有沒有搞錯？你難道沒看到我只剩一隻手而已嗎？你這是在羞辱我！」

男人不耐煩地說：「羞辱你的人是你自己！或許對你而言會比較困難，但你可以用僅剩的一隻手拿碗，就不能拿木材與石磚？」

乞丐氣焰消了不少，默不吭聲地看著對方。

「走吧，這一點事情你辦得到的。」男人說著便邁開步伐，乞丐最後也趨步跟上。

我不知道後來究竟發生什麼事，但那兩人的對話倒是帶給我不小的震撼。就像前文所說的，是人都有依賴心理，只是有強弱的差異。我們每個人其實都是那個乞討者，都有各自的缺陷與弱勢，然而，如果我們因此以為自己沒有能力，對旁人產生依賴心理，就不是我們的缺陷耽誤我們，而是依賴的心理摧毀了我們，制約我們的自主性和創造力。

克服依賴的唯一辦法，就是獨立地發展與鍛煉自己，走出成長的誤區。而這並非一件無法做到的事情，關鍵在於你有沒有這樣的一顆心。你可以從戒掉依賴的習慣開始，也就是分析自己的行為中哪些可以依靠他人，哪些應由自己決定，從而自覺地減少習慣性依賴，增強自己作出正確主張的能力。

德國詩人歌德曾說：「誰若不能主宰自己，他就永遠是一個奴隸。」

一旦你解開「依賴」對人生造成的束縛，你就將擁有不一樣的人生格局，不再事事求助他人、不敢決斷，從而創造屬於你自己的道路，得到無與倫比的成就與自信！

唯有尊重自己，他人才會尊重你

一個尊重自己的人是無法被別人攻擊的，因為他穿著沒有人可以刺穿的鏈子甲。

——美國詩人，亨利．朗費羅

人生中最重要的事在於把內在的最高力量、最良善的天性充分地發揮出來。

若你打算多交些朋友，你要寬宏大量，因為舉世都喜歡胸懷寬大之人。你應該常去注意別人的好處，不要總留心他人的壞處並輕視對方。如果你發現某一人對其他人的行為常常吹毛求疵或冷嘲熱諷，你應該特別留意，他大致是危險且不可靠的人物。因為一個心胸寬大健全的人，他的目光所及不會是缺陷與罪惡，而是美麗與良善。

以你的真心相待，自然贏得超人氣

許多人一生中交不到朋友，就因為他們只肯顧著自己的事，只肯將心力灌注在自己的事務中，他們「獨善其身」，所以久而久之，便失掉與外界的聯絡與感情。試想，如果一個人總是為自己盤算，絕不肯花費一些時間，拋掉自己的事情而為他人著想。每次與人談話時，他總要把話題拉到他自己身上，總是只「顧自己」，人們怎麼會發自內心的尊重他，又怎麼會請教他的意見呢？

反過來說，倘若你是個善於傾聽的人，大夥兒不僅喜歡親近你，也會主動與你分享自己的想法，屆時你的才能與見解反而擁有得以施展的空間；因為你常常能夠設身處地，處處為他人的利益而打算，所以別人自然也更容易將你的意見聽進耳裡。也就是說，一旦你真心為他人，你反將得到遠超乎自己想像的回報。

所以你何必欣羨那些無須為謀生而奮鬥的富家子弟，你其實已經擁有一種比金錢更為可靠的財富，那就是受人敬重的品格。

人人都是你的合作夥伴

你雖然擁有巨大且頗富刺激的目標，但有時候要達成卻非常困難，因為它可能遠超過你目前的能力範圍。如果你想達成自己的目標，秘訣就是得到多數人的幫助，要做到這一點，如同前文所說，你務必要能打動多數人的心。

想要讓他人心甘情願地協助你、為你服務，那你就必須擁有令人心悅臣服的為人。其基本原則就是使對方覺得自己被重視。所以，你不應該把對方當作普通人，而要把對方當作VIP對待。

假若今天有一位對你而言非常重要的人出現在你的面前，我想你絕不會無禮相待，因為你尊敬對方，所以絕對不會採取這種態度。同時在接待方式上，也會採用最隆重的禮節，並且以最高級的物品來款待他。

你應該經常視對方為擁有百分之七十以上的水準，對於七十分的人則要以八十分或九十分的方式對待。你要經常看對方的長處，並在對方成功時向對方慶賀。當對方在思考問題時，你也要絞盡腦汁地協助解決問題，而不是談論自己的事，並幫助對方一起考慮問題的重點。或是對他說：「我找個時間幫你解決。」

人人都想獲得自己的幸福，想獲得自己的利益。這一點可以從好幾個人合照時的表現得知，當照片上的自己閉上限睛並露出奇怪的表情時，人們就會說：「這攝影師技術不好。」相反，當自己照得很好看時，便會說：「他的技術很好。」也就是說，我們不會去顧慮別人，只有對自己有利時才會稱讚他人。

所以你要經常提醒自己，把別人視為ＶＩＰ加以禮遇，同時自己也要保持ＶＩＰ的態度。如果你給對方最高的禮遇，自己也將會受到最高禮遇的回饋。

如果在協助你時，對方覺得自己的能力受到認可，和你一起工作，也就是和你一起朝著同一方向前進時，他自然會感到快樂，甘心為你效命，並且希望能與你一起達成目標。而這個目標，正是你一開始想要達成的夢想。一旦你致力於發掘周遭人的價值，並重視他們，與他們一起努力，最後你會發現其實你自己的存在價值、態度與談吐不知不覺間亦變得更好，你已成為一個更有自信且富有吸引力的人！

利用鏡像投射，看見真實的自我

如果感觀之門能被完全洗淨，一切事物將以原本的樣貌呈現，不受任何限制，因為人們大多自我封閉，僅透過洞穴的縫隙來看待事情。

——英國詩人，威廉．布萊克

你知道自己是誰嗎？

「認識自己」一直是人生重要的課題之一，因為唯有真正了解自己，你才能全心全意地利用自己的內在能量，在蜉蝣之命裡盡情揮灑絢麗的色彩。

《道德經》裡寫道：「知人者智，自知者明。勝人者有力，自勝者強。」你若能分辨他人的性情與賢愚善惡，可說是個聰明人；但唯有通徹認清自己本性，你才是個真正的明白人。在你的一生裡，你的角色與位置隨時隨地在變化，你會面對不同的處境、不同的競爭對手、不同的工作夥伴、不同的困難，但只要你保持內心的清明，就不會迷失在變幻莫測的世界中。

你對他人的厭惡點，來自於自我投射

我的鄰居小陳是個約莫三十出頭華裔青年。在某次社區的烤肉派對上，他忍不住向我抱怨他的父親有囤積癖，每回開車出城探望父親，都令他感到相當焦慮。最近父子之間的關係更是每況愈下。

當小陳走進父親的住處，準備度過父子時光時，一看到整屋的報紙跟收藏品，他說話的聲音就會不自覺地逐漸變大，甚至忘記問候父親的近況。小陳非常沮喪，為什麼他的父親就是無法丟棄這些垃圾？結果每次的父子相聚都以難過與懊惱收場。

幾個月後，小陳正式邀請女友搬來與他同居。但就在女友要求小陳清空幾個抽屜給她放置個人物品時，小陳這才發現自己就跟父親沒兩樣，而且其實他一直都知道這件事，只是不願意承認而已，難怪每當他看見父親的外在表現，就會如此沮喪。

如果你時常注意人們的某個負面特質，或對人們的某些行為特別敏感，那往往與你的心靈陰影有關，因為它觸動了你的某個陰影面向，所以你將這種壓抑下來的自我投射在他人身上，以自己的經驗與想法去評判他人。

因此，你可以藉由留心自己如何觀察別人，來看見真實的自己。但你也大可不必惶恐，一旦你了解自己所害怕的、不能原諒的、不能容忍的是什麼，並且溫柔地接納以往被自己所忽視和討厭的地方，承認它也是你的一部份，你就能真正諒解和寬恕自己，得到前所未有的心靈平靜。

用理性駕馭自我

與林氏兄弟共進的那頓晚餐，是我近期最詭異的經驗之一。林氏兄弟是我年幼時的玩伴，他們兄弟倆從小就處不好，長大之後兄弟分家，感情更是每況愈下。我之所以稱那頓晚餐詭異，是因為席間林氏兄弟可以說是兄友弟恭，和樂融融！

見到他們兄弟倆有如此巨大的轉變，我好奇心地問道：「這究竟是怎麼一回事？」

林兄笑笑地說：「其實也不是什麼大不了的事，我們兩個人之所以會和好，得從我有一天出現頭痛欲裂的病症開始說起。」

原來，我不在台灣的這段時間裡，林氏兄弟曾因為「祖宅應由誰來繼承」一事而鬧得不愉快，當時的林兄簡直討厭弟弟到了極點，只要一有人提起弟弟的名字，他的頭就痛得不得了，難受極了。後來實在不是辦法，所以他決定去做檢查。但醫生聽了他描述的症狀之後，竟然忍不住笑了。

醫生說心病還需心藥醫。林兄之所以會頭痛欲裂，是因為他對弟弟的恨意已在他的內心滋長。唯一的辦法就是化解他內心裡的憤怒。

沒想到神奇的事發生了，當林兄真的放下自己對弟弟的憎恨後，他的疼痛真的立刻消散。更神奇的是，一旦他不再仇視弟弟，弟弟不知不覺間也放下自己的心房，試著跟他和平相處。

這是多麼了不起的一件事情啊！情感竟能影響一個人的生理。

當你感覺受到傷害時，憤怒是你的本能反應，但長期壓抑情緒將會使你產生異常的生心理狀態。因此，你應該時刻重視心理的護養，以保持心理健康。畢竟一個能駕馭自己感情的人，才能真正駕馭自己。

而人既然是有理性的，人的行動就應受理性的控制。

放膽作夢，然後集中精力實現

我們的許多夢想一開始看似不可能實現，接著變得不大可能實現。然後，在我們下定決心後，它們很快地變成必然會實現。

——美國演員，克里斯多福．李維

某日，我與友人在咖啡館談天時，三個跟我們年紀相仿的女人推門走進。她們的雙眼炯炯有神，彷彿這個世界充滿希望，沒有什麼她們不能達成的事情。後來我得知這三個年屆中年的女人是背包客時，敬佩之情油然而生。要知道，人到了一個年齡，要再提起精力投入這種冒險旅程是很難的一件事。

因為這次偶然的際遇，我回家後就興匆匆地翻出自己年輕時列下的「遺願清單」。遺願清單，是指一個人在有生之年想要完成的事。我的遺願清單上列有大大小小的事，有的已完成，有的我遲遲沒有去做，其中有一項願望更被認為是在做夢。

然而，做夢有什麼關係？做夢，不正是我

們完成夢想的第一步嗎？

別自我設限，零經驗也無所謂

你想要成為什麼樣的人？在你開始思考之前，我希望你別自我設限，別「不敢想」。因為在改變人生觀的心路歷程中，最忌諱的就是抑制內心的願望。也就是用情感去抑制願望，或用理智去抑制願望，產生「即使去做，就憑我這樣缺乏經驗的人，一定不可能成功」、「我缺少這項專門技術」、「我在這些領域中缺乏人際關係」等等念頭。

確實，我們很難輕易放棄過往的人生經驗，因為這些累積的經驗使我們辦起事來更容易。所以我們不自覺地想利用經驗來達成目標也是很自然的事。然而，過去的經驗來自何處？經驗的累積，亦是從零開始。

所以，請你對自己提出幾項「明確的目標」，譬如：買房子、買車，或升職。但是千萬要記住一個絕對要避免的忌諱，你應該避免在描繪願望時產生「是否真的能完成」或「我做不到」這一類否定的想法，應該以肯定的態度來取代否定的思想，此時的你，應該恢復孩童時代的情懷。因為當孩子想得到一樣玩具時，他便一心一意地想獲得它，而只要自己喜歡，就不會受到他人意見所左右，他沒有既有的觀念，他不會想「我到底做不做得到」，並朝著目標全力以赴。

認清夢想與現實之間的差距

你的一生中其實能夠做到許多事，只是你不知道自己能夠做到。夢想對於一個人的重要性是一言難盡，因為一個人有什麼樣的夢想，通常就他將什麼樣的命運，夢想的大小決定你人生事業的大小，夢想的遠近，也決定你的世界是狹隘或廣闊。

你的心底還留有夢想嗎？它是如此地美，同時又是那麼遙遠。要實現夢想，只有遐想是徒勞的，你還要去拼搏奮鬥。所以你要認清現實與夢想的差距，然後在現實中為自己爭取位置，並向著夢想拼搏前進。

夢想的驅動力就是如此強大的力量，在它還未實現時，你心底的這股力量就不會消失。所以請你千萬不要品嚐唾手可得的夢想果實，你應該去爭取自己的心之所向。即使循著夢想足跡的你僅能踽踽前行，但有夢就會有明天，而因為你願意正視現實與夢想之間的差距，你將站得更高、看得更遠，你的人生將超乎想像地博大精彩！

擺脫鴕鳥心理，對自我負責

每個人都被生命詢問，而他只有用自己的生命才能回答此問題；只有藉著「負責」來答覆生命。因此「負責」是人類存在的重要本質。

——奧地利神經學家，維克多．法蘭克

遇事就尋找藉口，將為你的人生帶來的嚴重危害。

因為如果你遇到困難和挫折時，不積極地想辦法克服，而是尋找各式各樣的藉口安慰自己，就暗示著內心深處，你覺得「自己做不到」，結果你真的一事無成。

你要特別去注意自己性格上的缺點，去反省自己處事的過失，而非把錯誤歸咎於他人或者命運。如果你任由這些毛病發展下去，以後再碰到危機，你仍然會不知所措，仍然無法在成功的道路上獲得轉機。

現在即刻擺脫鴕鳥心態，以「負責」的心態來回覆你的生命，你才不會辜負生命對你的期望。

你，是個有擔當之人

必須承擔的責任時，人的本能反應是逃避，然而一旦戰勝這種心理，你就能堅定地立足於天地之間。你感到不以為意，並說你本就從來沒有推卸責任。但你不知道的是，有時候你不自覺地在做這件事，因為它以一種冠冕堂皇的姿態隱藏在你的日常生活中。比方說，如果你一直沒有為公司的發展提出合理的方案，你會說是因為自己閱歷太淺；如果你沒有按進度完成任務，你會說是因為自己的經驗太少，比不了那些前輩。縱使你說的沒錯，這些都是事實，但你也不能忘記，它們仍然是你肩上的責任。

而「藉口」的實質就是「推卸責任」。在責任與藉口之間，你的選擇往往曝露了你的態度，它意味著，你是否有意願使自己成為更好的人。而且一旦你曾因為藉口而免於懲罰，久而久之你將養成習慣，習慣於為自己的過失開脫，習慣於努力尋找藉口，而非盡一切努力完成目標，習慣於放棄自己。也許那些藉口真能為你帶來一時的安逸，但這些許的心靈慰藉，卻將讓你付出更昂貴的代價。

記住，你是個有擔當之人，你的人生路上不需要藉口。工作無藉口，失敗無藉口。那是渺小之人的盾牌，而頂天立地的你並不需要它。

害怕的人，永遠都會遇到危險

安逸是所有自然生物的嚮往，所以絕對沒有人會怪罪你。然而請你提醒自己：我可以走在平坦的道路上，但絕不能失去勇於冒險的心。因為大凡有所成就之人，都有敢於承擔風險的膽略和魄力。

所以你應該克服人性裡的懶惰，奮然投入冒險，並從中體會不一樣的刺激和快樂。如果你總是期望能用同一種方式來處理同樣的狀況，並且通過這種積累的經驗而習慣成自然，那麼就算你有冒險與創新的想法，恐怕也時常因為怕麻煩而不願實施。但是你需要屬於自己的人生舞台，所以你應該努力地展現自我的風采，而這只有透過冒險才能做到，只有你自己才做得到，無法假他人之手。

人活著就要像一支狂奔的激流，向頑強的崖口進行搏鬥。你應該不顧一切地縱身跳進那陌生的命運，然後以大無畏的英勇征服它，只要你夠勇敢，世界就會讓步，所以你要勇敢再勇敢，世界終將向你屈服。也許前方的路看似艱險無比，但勇敢邁步向前，去感受這一路上的風景，總好過你在原地踏步。你要抬起頭，承擔世界帶給你的所有危難，你要親上戰場，並且一路過關斬將！

別管他人怎麼說，請你相信自己

有風度、有尊嚴及有勇氣面對任何問題，其最大的助力來自於你知道自己的立足點為何，也就是你所相信的以及你的行為是所為何事。

——美國小說家，威廉．福克納

我們常常可以見到，某一個人在各方面的能力不及別的職員，但他反而會突然升任要職。這是因為雇主並不在意他的「才華」，而是他清楚的判斷力。

他不因環境之變更而有所改變，無論是金錢的損失或事業的失敗，憂苦或艱難，都不足以破壞他的精神平衡。因為他是個有主見且不因小有成功就傲慢自滿的人。

所以，你應該腳踏實地，即使跌倒也要立刻站起，你要在別人慌張混亂的時候，仍能鎮定如常。而這種穩定的力量，將讓你在世界上占據重要地位，因為唯有頭腦清楚的人，才能在驚濤駭浪中駕駛船隻，才能從而擔負自己的人生。

問心無愧即可，人生總有反對之音

人生總有反對的聲音，堅定前行的唯一方法，就是相信你自己，做你心裡認為對的事。你一路走來會面臨許多選擇，而面對那些重要問題時，你必定會經過一番掙扎，考慮諸多因素。也許是選擇事業、選擇人生伴侶，或僅僅是選擇繫哪一條領帶、穿哪一件洋裝，都是如此。尤其是你的周圍有親朋好友和同事等人際交往圈，因此，在準備做出決策時，不可避免就會諮詢他人的意見。

然而，這畢竟還是你的抉擇，所以你做決策時要聽取大多數人的意見，向其中的少數人商量，最後獨自寫下答案。

我知道人的心理相當複雜，人們總想先取得大多數人的認同，獲得足夠的慰藉後，才敢邁出前進的一步。但你應該清楚，在你追求夢想並希望得到幫助的時候，總有許多人想保護你，使你遠離那些他們認為不現實的幻想。

這種時候，請你不要害怕被孤立。對於不瞭解的人，你要懷著熱忱，耐心地向他們說明其中的道理，使反對者變成贊成者。

最重要的是，只要你的提議和決策是對的，只要真理在握，你就應堅決地貫徹下去。

培養健全的判斷力

頭腦清楚的人是不多見的，在這個世界裡常常「供不應求」。你可以看到，就連許多本領高強的人，也會做出種種不可理解且愚不可及的事情。偏頗的判斷，讓他們像不斷被打回的浪一般，不得前進。

這種不良的聲譽，會使得他人不敢信任你，從而降低你的自信。假如你想得到他人的承認與稱許，你必須認真努力去做一個頭腦清楚的人。多數人做事時，特別是做小事時，往往敷衍了事，其實他們也知道自己沒有竭盡全力，做出來的結果自然無法盡善盡美，他們之所以一意孤行，是因為他們不覺得這件事有多重要。正是這種行為，減損了他們培養健全判斷力的可能性。

然而，假如你能強迫自己去做你認為應該做的事，而且竭盡全力去做，不去聽從怕事、貪圖安逸的惰性，你的品格、判斷力，必會大有增進。屆時你自然會被人認為並稱許為判斷健全的人了，世界上怎又會沒有你的立足之處？

與其為缺點苦惱，不如將它化為優勢

除非經過你的同意，否則沒有人能使你感到自卑。

—美國前第一夫人，愛蓮娜．羅斯福

很多人都會極力地掩飾自身的某些缺陷，不願意讓別人知道自己的不足，甚至因此感到自卑。

然而，當一個人太在意自己的缺點，把它深藏在內心時，它反而就會變得很重很重。反之，當你看輕它時，它在你心裡的分量也會隨之減輕。

所以，請你別習慣於低頭。

拒做自卑的僕人

一日，我的朋友大發雷霆，原因是幾個熟人將他隱藏在鞋子裡的增高墊給拿出來，大大地取笑一番。而這讓我想起菲律賓外交長羅慕洛的故事。

羅慕洛是世界著名的國務活動家。身高只有一米六左右的他，也曾為自己矮小的身材感到苦惱，年輕時經常穿著增高鞋。不過，自從某次被人嘲笑是醜人多做怪後，他便憤然地發誓再也不穿增高鞋了，並於此後用成就來彌補自身外觀上的不足，最終成為菲律賓外長與聯合國發起人之一。他甚至曾說：「但願我生生世世都是充滿自信的矮子。」

當你有所短處時，你的自尊會鞭策你在其他方面勝過他人，從而增加自身所長，正如美國已故總統林肯所說：「沒有突出缺點的人，也沒有突出的優點。」意即一個沒有明顯缺點的人，雖然做事四平八穩，但卻缺乏個性色彩，這樣自然也就不會有傑出的表現。事實上，人人都有自卑心理，因此消除自卑感不在於沒有自卑，而在於能不被自卑所擊敗，並且隨時保持自己的信心。當然，沒有人能給予我們自信，自信是要靠你自己努力去爭取而來。

只要你以此心態去看待你自己的缺點，你會發現，在抬起頭正視自己缺陷的一瞬間，你將發現了自身的價值所在。而這一切的苦難，人們的嘲弄，都是為了讓你的人生之花開得更加絢爛芬芳，更加持久動人。

勿做附屬之人

有人認為，如果一個年輕人與生就具有某種才能，那這種才能一定會顯露出來，只是早晚的問題。但我認為這並不一定，才能可以顯露出來，也可以不顯露出來，全視環境而定，全視是否有足以喚起志願與力量的環境。一個生來即具某方面才能的人，也可能終其一生沒有發覺自己具備的優勢，而為之浪費。

所以請你千萬別成為一個附屬之人。終身處於附屬的位置的人，很少能成為偉大堅強的人物，因為他們的力量從未為重責大任所磨煉，所以他們為人一世，總是個弱者。他們只須執行別人的命令。他們沒有機會去使用思想與才能的工具，因此難以提升自我認同感。

因此，請你勇敢並且主動地為自己延攬艱困的任務，塑造一個足以喚醒你內在能量的環境。屆時你會發現，在這個過程裡，你將擁有創造與綜合的力量、應付非常的力量，那種因不斷集中才智以對付艱難的力量，那種使你足以應付國家危急存亡的局面之力量！

12星座救生繩：你該如何找回內在的能量？

牡羊座：

因為你急於表現自我且缺乏耐心，所以不論你身處何處，周遭環境都呈現無序混沌的狀態。而這些雜亂堆積的物品正在佔據你的生命、佔據你的心靈空間，害你無法靜心，平白消耗內在能量。建議你從斷捨離著手。因為整理周遭環境的同時，也是在打掃自己的心境。如此一來，你就能以清晰的頭腦去思考人生的下一步應該怎麼走。

金牛座：

你一生都在努力追尋穩定感，無論是事業或者愛情。但是你一旦找到棲息的地方，就會安於現狀而不願冒犧牲舒適環境的風險。所以你必須特別注意，別讓自己的內在能量逐漸消逝在安逸之中。建議你可以採取以下作法：維持百分之九十的現狀，但再增添一點有益於己的新刺激，以活絡自己的人生。

雙子座：

你常常不明白自己為什麼會如此疲憊，其實原因在於你一心多用的習慣。你以為兩件事情同時進行將增加自己做事的成效，然而每當你的大腦從一件事情切換到另一件事情，中間就會浪費許多不必要的精神與時間。建議你練習提升自己的專注力，才不會因為疲憊煩躁而失去原動力。

巨蟹座：

你會任由情緒左右你的行動，事後才追悔莫及。這種反覆折磨害你開始質疑自己的能力，從而失去對生命的熱忱。所以首當其衝，你應該學會對自己的情緒負起責任。也就是，當你出現憤怒或焦慮的情緒時，請你停下來問問自己：「是什麼事情使我產生這種情緒。」然後再問：「我難道不能用其他態度來處理這件事嗎？」經過不斷地練習，你就能重新找回自己的戰鬥力。

獅子座：

你是一個充滿自信與能量的人，但是一不小心就容易帶給他人「自我感覺良好」的觀感。為了避免你因自得意滿而止步不前，建議你替自己尋找一個學習的標竿，藉此找出自我的不足之處，並且將之補強。在這種見賢思齊的過程裡，你就能持續突破成長，徹底發揮的內在能量！

處女座：

因為你的心緒敏銳，所以你更應該避免接觸會帶來負面情緒的人事物。舉例來說，遇到不順心的事時，請你別用「好煩」、「真討厭」等字眼傳達自己的情緒，因為這只會加深它對你的影響力，造成令人疲憊的惡性循環。你應反過來擅用自己的敏銳度，創造一個充滿能量的環境。

天秤座：

你太在乎別人的目光與評價，所以在與人互動時，一旦對方的神色不如你的預期時，你就會很緊張，並開始思考自己究竟說錯什麼話，結果反而動搖你的自信。你必須要學會停止為他人而活，因為世界上的人形形色色，你不可能達到所有人的期望。當你自信心不足時，請別吝於給自己讚美，並且多多關心自己。

天蠍座：

你對於生活總是過於戒慎恐懼，總是在擔心自己是否哪裡做得不夠好，連一點小細節都不放過；或是會不斷糾結過往犯下的錯誤，恨不得它從來沒有發生過。這種自我要求固然能使你成長，但也會過度消耗你的內在能量。所以請你稍微鬆開自己的控制慾，你要知道，有時候輕鬆做事的成效反而會更好！

射手座：

你的內在能量之所以持續流失，是因為你偶爾過於自信的個性。當一件事情出現問題時，你很少會認為是自己的錯，反而是常常將之怪罪於他人，認為是對方沒有妥善處理。這種不善於自省的下場就是，你無法正確地認知自己。建議你「一日三省吾身」，就算你的能力真的無話可說，但再好的人都有進步的空間。

摩羯座：

你有沒有發現自己的面部表情特別緊繃呢？因為你是個非常有耐心，且勤奮的人，所以工作上經常苦幹過了頭，導致壓力因日積月累而難以排解。想要長久維持前進的原動力，並使它生生不息，請你接受自己並非超人的事實，丟開過多的責任心。人生之路還長，即刻就與親朋好友聯繫互動，放鬆一下吧！

水瓶座：

因為你的心胸開闊，所以本身就是正向思考的傳遞者，經常帶給周遭人如活泉般的力量。人們可能會認為你對未來的盼望不切實際，但其實正是你的「想像力」讓你可以安然自在地活下去。所以當你覺得自己的內心失去平衡，覺得人生索然無味，你可以尋找刺激思考的新事物，重新活化自己的神經，讓你的想像力帶你繼續走下去！

雙魚座：

當你開始思考消極的問題，例如：「人生如此空虛無常，我這麼努力又有什麼用？」就是你失去內在平衡的跡象。此時你應該立刻阻止自己想下去，因為這種捫心自問，會讓你為求解答而養成負面的思考習慣。因此，建議改而詢問自己：「我期待今天會發生什麼事？我要為什麼而努力？」讓大腦持續尋找正面答覆，流失的力量自然會重新灌注你的生命。

Step 3

相信未來會更好，就沒有人能夠阻止你前進

AIR MAIL

你被賜封生命這塊未知又陌生領地，
於是你手握旗幟，
並領著士兵浩浩蕩蕩地前進。
但在那條必經的路上，湍急的河水橫跨，
你不禁嚥了嚥口水，產生退卻的念想。
一年過去，兩年過去，三年消逝，
你仍然站在原地，眺望著遠方。
向目的地前行的渴望沒有消解，
反而越來越強大，越來越讓人無法忽視。
其實你絕對辦得到，只要冒險一回，
以強健的體魄，旺盛的生命力去克服阻礙，
並苦心鑽研達成目標的方法，
採取行動後，你會發現渡河沒有想像中的危險。
然後，你終能親眼看到彼岸的領土究竟有多肥沃。

擁有飽滿的精神力，才能讓你逆風飛翔

空盪盪的口袋從不會阻礙一個人前進，唯有空蕩蕩的腦袋與空蕩蕩的心靈才會。

——美國作家，諾曼·皮爾

如果這是一場戰爭，在鼓聲落下之前，你必須經過紮營、整頓籌備的過程。你必須確保軍隊的士氣高昂，士兵們處於最佳狀態，儲備充足的糧餉，好讓軍隊無論應付任何突發狀況，都能使出獅子獵兔的英勇氣概。

所以你應盡可能地讓自己保持在最佳狀態，這是你的神聖職責。

你可以從關照自己的精神力著手，因為一個人在心中如何描繪自己，他就是個怎麼樣的人，一個人內外的生命歷程，都是他心中所想的呈現。

所以，假如你想成為某一種典型的人，你就該把自己當作那種典型的人看待，重視而不貶低自己。

節省精力，才能釋放靈魂的真實力量

請你記住，如果你想在世界上有所表現，你的時間就是貴重的，你的精力是寶貴的。精力是你的生命資本，你不能將它隨意地拋擲在無意義的地方。

精神耗弱的作家所寫的書無精打彩，無法抓住讀者的心，因為他沒有將充分的生命力注入他的著作中。他的書不能撼動讀者，因為在創作時，他連自己的內心都無法撼動。因為他的生命力低下，所以他的創作也沒有生命。體力不佳的演說家不能抓住聽眾的心。因為他身體衰弱，所以連他的精神言語都變得衰弱了。精神耗弱的教師無法鼓勵他的學生，因為他自己本身就缺少生命的熱忱。他不知自愛，所以他耗盡精力。

所以徒有才能，卻因身體孱弱之故而不能發揮，那有什麼用處呢？假如你因為不正當的生活，或因為不注意休息之故，使得生命力減低，甚至於舉手投足之間，即顯出精疲力竭的樣子，就算你的腦力再強，即使你被稱為天才，又有什麼用處呢？

浪費精神力的人，是最壞的敗家子，他比那些浪費金錢的敗家子更壞得多。因為他們簡直是在自殺，抹煞生命中的種種機會與幸福。

從生命有限的角度講，不愛自己與不愛他人，同樣是一種大罪惡。

不管在任何情形之下，你都應節省你的精力、儲備你的生命力。你要緊握住每一絲生命力，就像溺水之人緊攀海中的流木一樣。你要珍惜自己的每份體力，因為那是使你得到幸福的基石。能夠如此，就算你口袋空空，卻比有錢而虛擲生命力的人還要富裕。當你有了這種可貴的精神，相形之下，黃金黯淡，鑽石無光。

有充實的心靈，就沒有苦差事

法國十九世紀的文豪大仲馬是個產量豐盛的創作者，他的寫作速度十分驚人。在他的晚年，他自稱畢生共著書一千二百部，於是就有人問他：「你常常埋頭苦寫一整天，為什麼第二天還是精神奕奕呢？」

大仲馬回答道：「我根本沒有苦寫過。」

那人不明所以地問：「你這是什麼意思？」

大仲馬說道：「你會問一棵梅樹是如何生產梅子的嗎？我早已把寫作當成一件樂事，也視之為生活的全部，所以我一點都不覺得辛苦。」

我相信，如果一個人不能努力且熱忱地做好工作，只是急於獲得工作成績，那麼他一定是個荒廢生命的人。甚至有些人在養成懶散與享受的習性後，總以為不用付出代價與汗水，亮眼的工作成績就會從天而降，結果反而在期待之中錯過了許多良機。反觀投身於志業的人，他們會為它付出各種努力，並且投注大量的時間，而當付出的努力得到回報時，他們會盡可能地從中品嚐快樂的意義。

其實，你在每一天的工作結束之後，不妨可以想想：今天有哪項工作尚未完成？而我何時才能繼續完成？或是今日的忙碌是否有所收穫、時間是否有充分利用？如此一來，你的任何一項工作都能井然有序地完成，而你也不至於手忙腳亂，變得毫無工作成績可言。當你認真地做好一周、一月、一年的工作總結，以及短期、長期的工作計畫時，日常生活中所累積的機運，將會慢慢地降臨在你的身上。

跨越眼前的拒馬，打通自由的人生大道

人若是因為害怕貧窮，而放棄比財富更加富貴的自由，他就只好永遠做一個奴隸。

——古羅馬哲學家，馬庫斯· 西賽羅

若想要成就生命的絢麗，求得自我的充分發展，你必須先不惜任何代價去獲取你應有的自由。若是你甘願被各種障礙圍困住，導致無法將生命發揮到極致，那麼你就必須自己承擔這個難以估量的巨大損失。

一旦「心靈」淪為他人的階下囚，你的生命也將變得狹隘渺小，因為你永遠只能透過窄小的鐵窗看世界。這想來就令人心驚膽寒。自由——尤其是思想與靈魂的自由——是如此地寶貴，它們是人類幾千來不斷追尋的目標，你怎忍心輕易將之拋棄？

所以，你應該剷除一切的阻礙，殺破重圍去奪回屬於你的自由，即便那意味著你必須困苦奮戰。

你為什麼就此屈服？

你若是詢問那些曾在歷史上成就事業的人，他們偉大的力量、廣闊的心胸與豐富的經驗究竟從何而來。他們會告訴你那是奮鬥的結果；他們將告訴你，他們努力地掙脫不良的環境，斬除束縛的桎梏，求取教育並脫離貧困，執行計畫且實現理想，因此獲得最好的紀律訓練、最嚴格的品格訓練。

因為他們絕不屈服。

因為有願望而無法滿足，有志願卻被阻礙，是最令人喪氣的事情了。那足以摧殘一個人的能力，消滅一個人的希望，打破一個人的理想。那可以使人的生命變成空殼，成為一張無法兌現的支票。

在還沒有發揮出生命中最美的精髓，還沒有充分發展天賦異秉以前，一個人的生命真的很難能稱之為幸福。不管處境如何，一個按照自我意念而行動的凡夫俗子，都勝過一個處處受束縛的天才。

所以不管待遇怎樣豐厚、地位怎樣崇高，你千萬不要從事任何不容許你自由且光明地處事的工作，你不應讓任何顧慮箝制住自己的舌頭，剝奪你的意見。你應將自由當成你神聖不可侵犯的權利，縱有各方面的顧慮，你都不能放棄。

一旦你產生將之放棄的念頭，就趕緊提醒自己：沒有任何事物能夠補償你喪失的行動、言語與信仰的自由，因為你要用無拘無束的心靈創造更美好的每一天！

想到即行動

美國第十六任總統亞伯拉罕．林肯之所以能不斷突破自己，成就輝煌的一生，關鍵就在於他「想到即行動」的人生宗旨。

林肯的父親在西雅圖有一座農場，而農場裡佈滿許多石塊，非常礙事。一日，母親建議父親把石塊搬走。父親拒絕道：「那些石塊已經難以搖撼了，如果真能輕易搬走，前一個主人怎麼會把農場賣給我們呢？」

就這麼過了一年，石塊始終維持原狀，直到父親出遠門的某一天。母親再次向林肯提議：「我們還是把這些礙事的石塊搬走吧！」於是林肯遵從母親的指示，開始挖掘石塊周邊的土壤，那時他才發現，這些石塊並不像父親所以為的深埋於地。而且他沒花多少時間就將所有的石塊挪開了。

正是這一個體驗，讓林肯明白，有時候困難並不如人們想像得那麼大，有些事應該想到就立即去做，因為那比繞道而行要有所收穫。

故事裡的農場就好比人生，由於命運的不同，也許你擁有的農場石頭遍佈，但只要你敢於搬開它，農場就有恢復生機的可能。反觀面對石頭而毫無行動的人，石頭就會在他的心裡滋養壯大。

所以你千萬要記住，很多時候，你比自己想像的更有能力，更高大堅強。你只是一時間被困難、恐懼、自卑給迷惑，不能認清真實的自己。

想到即行動。畢竟，一個人若僅是「想」到要怎麼做，他什麼事也無法達成，只有把自己的想法付諸行動的人，才能走在眾人的前面。

所以我想問你，在你的生活中，有沒有什麼你認為無法戰勝的困難，讓你想轉身逃開的呢？

當你用逃避心理看待困難的時候，它在你內心的形象就會變得越來越大；然而當你鼓勵自己挑戰困難，爭取並戰勝它時，你的自信心就會像海綿般膨脹，一旦你擁有勇於行動的精神時，世界上就沒有什麼能阻攔你前進生機盎然的美麗花園！

靈魂期待什麼，即能成就什麼

我們的思維將會影響一件事情的發展，因為我們是依據自己的預期來做事。

——義大利導演，費德里柯．費里尼

常常存著良好的期待，期待著前程充滿光明和希望，期待著未來我們的好夢終將實現，這種念想可以產生巨大的力量。

假如你總是志向卑微、自甘低下，總是對自己沒有多大的期待，總是不相信世間的種種幸福可以屬於自己，你自然只能渺小卑微直到老死。因為你期待什麼，才能得到什麼。假如你一點兒也不期待，就一點兒都不能得到。

就像是一個人若不期待富裕的生活，他自然也不會走入昌盛富裕之門，因為那跟他安於貧賤想法南轅北轍。

讓思想與行為一致

假如你懷疑自己無法支撐起一個家庭，那

你定無法做到；假如你認為自己無法度過情感難關，那你自然無成功之理；假如你覺得自己的能力不足以達成工作任務，那你沒有辦到也不足為奇。

一邊追求著某個目標，但心中卻期待著相反的事，這種情形最易誤事。許多人就因為其精神態度與其實際的努力不相應和——進行著這一件事，卻期待著另一件事——所以其大部分花費的心力都是徒勞無功。他們的錯誤精神態度，會在無形之中驅逐他們所追求的人事物。

靈魂期待著什麼，即能成就什麼。人的各種機能，都服從意志的命令。所以你的意志期待它們做什麼，它們就做什麼。因此，如果你的期待很大，要求很高，而一定要它們執行你的志願，則它們自會順從你的志願而行動。

期待自己成就大事的這種心理，最足以發達你的能力。這種期待可以喚起你隱藏的力量，而這種力量，要是沒有「大期待」迫切地催喚，就會被永久被埋沒。

你應該堅信：你總能實現所有的理想。對於你而言，天下無不可成之事。

不要存有一絲懷疑的念頭，你應當將這種念頭逐出心境，而只留下足以助你成功的思想，你應該常常懷著「前途光明」的期待；懷著「只要透過努力與奮鬥，偉大宏麗的一切必然在等候著我」的信念。

敏捷做事，使目標更易實現

一旦你的思想與行為保持一致，你就可以更進一步實現自己的心之所向，而進入具體行動的層面後，達成目標的關鍵，就在於敏捷二字。人生於世，如果能夠不錯過一分一秒，則一定能完成自己的目標。對那些珍惜時間並肩負重任的人而言，不能準時，是一種不可寬恕的罪惡。

在人際活動中的重要規律之一，就是「敏捷」。所以只要不能敏捷做事，不能準時赴約，必然無法得到他人的信賴，縱然他居心忠誠。但區區的忠誠之心，於行動遲緩又有何補呢？

事情進展到關鍵時，一個人若能不浪費自己的時間與精力，也不浪費他人的，他的目標就更容易實現。因為今日事無法今日畢，而要挪用「明日」的時間來抵補的人，怎能期待他在事業與愛情裡成功？只有一呼即應的人，才能得到勝利。

而敏捷的習慣該如何養成？就像別的習慣一樣，它來自於幼年的環境與訓練。一個小孩在父親吩咐做事時，常說「等一等」，或是老師交代要做功課時，他常常會忘掉，又或是在遊戲沒有結束以前，他不肯去做任何正事，那麼他長大以後，一定是個不敏捷之人，一定是個坐失良機的懶蟲。

所以你要常常存著良好的期待，並且用敏捷的心態去呼應自己的期待，屆時，你才能影響一件事的發展，並隨時隨地掌握它的走向。

心存信念，勝利就在前方

無論是在我們身後或在我們眼前的事情，一旦與存於我們心中的事情相比，都顯得微不足道。

——美國詩人，拉爾夫．愛默生

如果你已把目標設定在比現在更高的水準，例如：希望獲得更高的收入，或想締造更高的紀錄等等。但卻始終沒有向這些可能性挑戰，這是因為你害怕遭受失敗。你必須以積極的態度把恐懼完全排除於你的思維範圍之外，你要保持百分之百成功的態度，不該因為失敗的可能性而受到妨礙。

不管目標大小如何，達成目標就代表成功。相信「自己會成功」是成功的必備條件，因此你要在心中牢記：信心會導致成功。

排除制式觀念

大象能用鼻子輕鬆地將一噸重的行李抬起，但是你是否曾在看馬戲團表演時，意外地發現如此巨大的動物竟能被人栓在小木樁上？這是因為牠們自小象開始，就已被沉重的鐵鍊拴在無法移動的樁上。當時不管牠用多大的力氣去拉扯鐵鍊，牠都無法自由行動，不久後，即使幼象已經長大為有力氣的成象，但牠們仍然一看到鐵鍊就不敢擅自妄動。

事實上，成象可以輕易地將鐵鍊拉斷，但由於牠們幼時的經驗存留在腦海裡，導致牠們習慣性地認為鐵鍊「絕對拉不斷」，所以便不再去拉扯。不只是動物，就連人類也會因為制式觀念的偏差想法，常常以常識性與否定性的眼光去看待事物，或是自認為「我沒有那樣的才能」，反而錯失了改變的機會。

有人會因「我膽小又靦腆」、「我怎麼比得上別人」、「我有缺陷」等理由，束縛他自身的本性之美，或是阻礙自己潛力的發揮，使得他缺乏魅力，而這些就是他的心靈枷鎖，相同的，你的一生與幸福是否也被這類無形的枷鎖給鎖住了呢？你的心靈是否因為受到控制而失去自由？你是否缺乏勇氣去做你想做的事？你是否能在別人面前保持大方，並且自然展露魅力？當我們被無形的事物所控制時，我們都應奮力擺脫枷鎖，好讓身心獲得真正的自由，而這就是通往幸福的唯一道路。

適時的鼓勵是進步的催化劑

美國人際關係學大師戴爾．卡內基的母親在他年幼時即去世。當他的父親再娶時，父親告訴續絃的妻子：「你可千萬要提防他，因為他是全鎮公認的最壞的孩子。」

但卡內基的繼母卻微笑地走到卡內基面前，摸摸卡內基的頭，然後責怪丈夫：「你怎麼能這麼說呢？他應該是全鎮最聰明的孩子啊。」

只是一句簡單的誇讚，卻深深地打動了卡內基，成為激勵他的動力，使他日後也能轉而幫助千千萬萬的人們走上康莊大道。

對人類的靈魂而言，稱讚就像陽光。沒有它，我們就無法成長開花。但是大多數人只是致力於躲避別人的冷言冷語，而吝於把讚許的溫暖陽光給予別人。

請你別小看這種誇讚的力量。它是人心的催化劑，不僅能增強你做事的信心，而且可以調動你最大的積極性，並使你展現最多的智慧，以求獲得最美滿的結果。你要告訴自己，你是世界上最聰明的人，並將良好的積極的期望隨時傳遞給內心，讓你對自己的前途充滿希望。相信我，聰慧善良的你絕對有能力奪取眼前象徵勝利的旗幟！

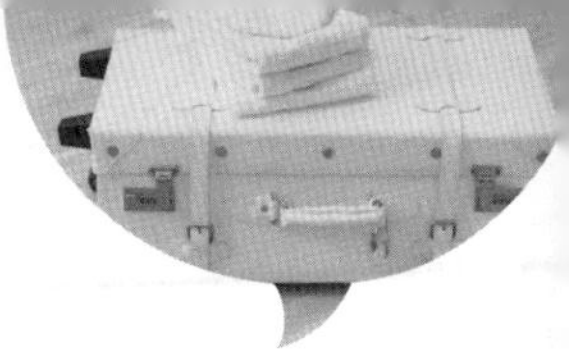

今天比昨天更好，就是希望

以昨日為鑒，為今日而活，憧憬未來。最重要的事情是，永遠別停止發問。

——猶太物理學家，阿伯特．愛因斯坦

你說道：「我現在不做，等會兒再去做。」你打算明天再去做這件事，但是明天永遠不會到來，因為當明天變成今天的時候，又會延長一天。所以你現在就要接受自己，現在的自己不是明天的自己，現在問題是當前的問題，而不是明天的問題。對於現在的問題你應該現在就著手去解決，因為明天可能還會產生新的問題。

你要憑藉接受現在的自己，承認自己有長處也有短處。然後當你鼓起了行動的意願，想著手完成更大的目標時，你應該拋開自己的缺點，去思考自己的長處，並在腦子裡反覆地思考整理，同時也要在嘴巴上反覆地誦念。這就是培養積極心態的初始。

不貪求，使自己比昨天更好即可

明確地認識自己的長處，可給予自己正確的定位。

你應該時常詢問自己：我有哪些優點？過去曾有過哪些成功的經驗？或過去曾經得到過別人的哪些讚揚？你應該在回憶中去尋求令人懷念的往事。

世界在進步，一星期前的世界和今日的世界不一樣，每天都在進步。所以你想保持自己的成績紀錄是非常難的，你也許會說：「為什麼會有困難，我不是進步得如此神速嗎？」但因為別人同時也在進步，當你停下來時別人會超越你，因此你不應放鬆自己。

當你和地位高於自己或者能力強過自己的人比較時，你會很想變成像他那樣的人。但我可以在此先告訴你，無論你如何努力也無法辦到，無論如何奮鬥也無法實現，因為你和他的人生本就並不相同，你是地表上的一人，而他也是地表上的一人，由於種種因素的差異，你們的成就當然不同。一旦你把偉人當成模仿的對象時，你會產生錯覺，以為自己也會變得像他一樣，但其實你是你，無法成為別人。如果你因此感到失望，並自以為遭受到失敗時，要提醒自己：我是獨一無二的個體。

你無法變成我，我也無法變成你，但是你和我卻可以變成一種人，就是一個敢於承認自己的長處之人，使今天的我比昨天的我更好的那一種人。

使自己比昨天更好，這點你能夠做到；經常更新自己的紀錄，這點你亦能夠做到。經常提升自己的個性，這點你能夠做到；經常把自己的長處集中於工作，經常珍惜自己，經常加強關心自己，並具有耐心。你，可以成為這樣的人。

不斷超越自我，展望生命的全貌

有位年近六十的老醫生，他的診所曾經遠近馳名，但由於他自醫學院畢業後，就不思進取求新，診病下藥都是用傳統的老法子，因此便漸漸步入沒落之途。其實，他只要將門面重新粉刷，或是添購新進的醫療器材及藥品，就能扭轉頹勢。可是，他既捨不得花錢，也不肯花費時間閱讀新出版的醫學刊物，或是研究種種新的臨床療法，再加上診所附近來了一位年輕醫生，對方的診所除了有先進又完善的醫療設備外，內部的陳設也相當新穎衛生。一旦病人踏入門檻後，就會感到十分滿意，於是當地的病人逐漸習慣向年輕醫生求診，等到老醫生發覺這個情形時，他已經對自己的「不求進步」悔之不及。

超越自我的意念始於一份渴望，當你渴望實現夢想時，它便會油然而生，而當你堅信能改善自己的生活狀況時，進取心便得以滋長茁壯。同時，它也是你內心的驅動力，它是經由想像而產生的意念，所以你可以利用它來推動自己向目標邁進。你的動力源自於你擁有一個值得努力的目標，這也就是說，沒有生活目標的人，他的生活層面將十分狹隘，因為他總是只關心自己與眼前的利益。相反的，胸懷大志的人將會勇於超越自我，並且全力以赴地實現自己的理想。

凡事追求超越自我的人，他的每一刻都會活得十分踏實，除了工作和賺錢之外，他的人生必定還有其他的意義，若非如此，他即使身居高位或是生活富裕，依然可能感覺人生空虛乏味，或是不知生活的樂趣究竟為何。

生存在現代這個社會之中，你本來就應該讓自己見多識廣，否則很容易就會變成鼠目寸光的人。那不僅不利於個人心智的發展，同時也會讓你難以在競爭激烈的社會中立足，進而使你最終被時代所拋棄。

如果想成為人生的勝利組，你就必須目標遠大而明確，並且時時追尋生命的真諦及超越自我，當你能將生活中的各個層面融合為一，並且享受生活的樂趣時，你不僅能剖析自我，還能凡事皆從大處著眼，進而展望生命的全貌。

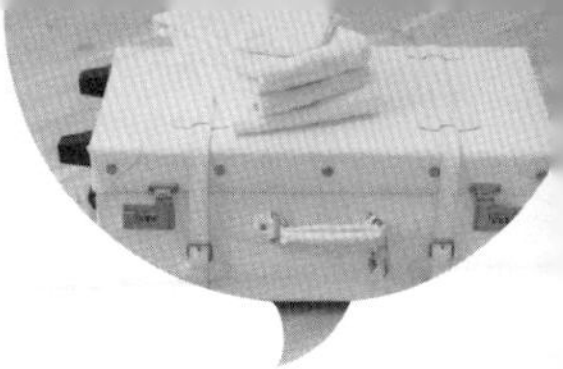

自己的未來自己救

未來有數個名字。軟弱之人稱它為不可能，膽怯之人稱它為未知，深思熟慮且有勇氣之人稱它為理想。

——法國作家，維克多．雨果

琪琪剛從戲劇學校畢業，是個非常有才能的小演員。當經紀人好不容易替她在一部實驗電影裡爭取到擔當主角的機會，琪琪卻惶恐地拒絕道：「我可不願意演主角，因為整部電影是否成功，很大一部份將取決於我，那樣的負擔未免太重了。」由於她過於膽小，以至於從不曾想過：如果她成功了，將意味著什麼？關於此點，成功者卻認為機會不能只是平靜等待，更應積極主動地加以創造。

「沒有機會」永遠是失敗者的託詞，他們大多說自己之所以失敗，是因為沒有他人的提拔。他們甚至會說：「所有的好運都已被他人捷足先登。」其實人生自有一套遊戲規則，相信運氣遠不如相信你自己來得好。

運氣是實力的一部份

英國有位演員在成名之前，儘管已經具備良好的藝術修養，卻仍然只能在電視劇中扮演配角，而為了替自己創造機會，她大膽地在每拍完一部電視劇之後，邀請主角們與她一起合照，然後再將照片印成劇照，並且註明片名、演播日期，以及自己在劇中所扮演的角色。

只要她知道某電影公司即將攝製新片時，她就隨即將這些劇照寄給該製片人，藉以自我推薦。當許多製片人知道她曾為名演員配過戲，也曾參與過多部電視劇的演出後，個個都認定她應是個不錯的演員，從而選中她擔任女主角，使她得以發揮才能，成為一代巨星。

你能改變自己的運氣並創造機會。

如果你相信運氣會從天而降，你就會不斷地喪失良機，其實真的想在事業與愛情中有所收穫的人不會等待運氣降臨，或是時常怨天尤人，你會自我檢討並緊抓住任何可能讓你達成目標的機會，或是努力創造成功的條件，雖然你可能會因為經驗不足而犯錯，但只要能從錯誤中學習，最終你都將取得甜美的果實。

已經取得收穫的人總是會謙遜地說：「我是因為運氣好。」然而，經驗與判斷力才是他們的利器。反觀坐待運氣的人，也許他們真能於因緣際會中實現夢想，但是這種繁華很容易就變成過眼雲煙，因此人生大起大落的人通常最相信運氣。當你認為人生自有天定，那你就是從沒想過自己可以創造光明燦爛的人生，實際上，你只要好好把握自己的生活，並為自己的計畫和目標創造運氣，那麼你就可以擁有屬於自己的夢想，畢竟預測未來的唯一方法，就是創造它！

無論順境或逆境，都將會過去

時間如水，在我們的指間悄悄流逝。所以你應知道，無論你現在的處境如何，一切都會向前發展。不要讓自己的心停留在一處煎熬。

有個國家富裕強盛，其國王擁有至高無上的權勢，但卻被快樂的天使所遺棄，治理王國的壓力日復一日的折磨著他。

一日，國王召喚國內最有名氣的智者前來覲見。國王命令道：「我要你找出世間裡最具哲理的箴言，它濃縮了宇宙的智慧，它能使人有醍醐灌頂的感受，使人無論處於何種境況，都能保持平常心，得意但不忘形，失意但不傷神。」

智者沉思片刻後，領命回覆道：「請您給我幾日的時間，並且將您一直配戴於身的那枚戒指賜予我。」

幾日之後，智者就將戒指交還國王，並再三囑咐道：「殿下，非到萬不得已，請您別取下戒指鑲嵌的寶石。」國王答應他。

沒想到一段時日後，鄰國大舉入侵，國王雖親率軍隊抵禦攻城，但城土終究淪陷。在苟延殘喘的逃亡途中，國王想起過往的輝煌，想起為保護國家而死去的將領，想起遭逢妻離子散之痛的人民百姓，傷心欲絕的國王將配刀從刀鞘中抽出，打算一死了之。就在此時，他看見那枚戒指！國王急忙摳下寶石，只見裡頭刻著一句話：一切都會過去。

國王為之一愣。「是啊，這有什麼大不了的，這終究會過去。」他喃喃地說道。於是，重新燃起希望的國王忍辱負重，重新招募部隊趕走外敵。重返王位後，國王第一道命令就是將那六個字鐫刻於王座。

宇宙裡唯一不變的真理就是變，世界上沒有什麼事物是永恆的。身處順境時，你要珍惜和感恩；身處逆境時，你要堅強和等待，你要不斷提醒自己：「這一切都將過去。」

「任何人在沒有經歷過磨難之前，都不會成為真正的人。經歷磨難的時候，你的命運或地位會得到定位。在你經歷這樣的磨難之前，你不過是孩子。」即使是一位偉大的國王，在苦難來臨前，他也不懂生命意義何在，但當他品嘗了人生起伏之後，困難就教會了他。

被疼愛的人是幸福的，被自己疼愛是明智的。人活著就應該學會善待自己。「這都會過去」是一種豁達的處世心態，是智者的思維方式。不過度留戀往日的功名利祿，不計較浮華的消增得失，而是在乎自己是否擁有開闊的眼界，並且對未來充滿信心。用希望之火點燃你拼搏的意志，一切向前看，特別是災難侵襲之時，你應以平和的心態鼓勵自己，在善待自己的同時，創造美好的明天，品味生活的快樂。

以希望擺脫絕望深淵

你如同你的自信般年輕，如你的恐懼般年老；如同你的希望般年輕，如你的絕望般年老。

——美國上將，道格拉斯．麥克阿瑟

你所思所想的，只能是你希望未來會成為現實的想望。人們總是說自己已經心力交瘁，總是說自己已盡心盡責，總是抱怨自己狀態不佳，沒有發揮出應有水平；總是說他們希望自己能有所作為，但已經對此作出具大的努力。這聽起來有點可憐。因為他們沒有意識到自己正在心中刻上灰暗的圖景，而這些圖景正是安寧與幸福的敵人，應該被拋到九霄雲外。

這些灰暗的圖景越來越深入他們的意識，最後，在他們的生活中變成了現實。

淨化自己的靈魂

何謂信仰？信仰是一個人所選擇的人生價值觀，它體現出你的人生意義。宗教僅是其表現的形式之一，信仰不等於宗教，但無論是否依歸宗教，每個人內心定有其隨著自我人生經驗而塑造出來的信仰。

人生依靠信仰支撐，一個尋獲其人生價值的人，可以預見他肉眼所無法見到的前景。如果你想使自己在某一領域有所提升，那麼你就要盡可能使這個目標具體化，而決不能輕易放棄。要牢記理想並努力不懈，直到你的人生得到昇華，理想變成現實。每個人的生活都與他的信仰如影隨形；生活因為信仰而豐富多彩，並獲得你所嚮往的品格。一旦你了解一個人的信仰，你就可以知道他的前途，因為信仰往往能決定一個人的命運，對他的生活軌跡產生極為深刻的影響。總是縈繞在心頭的信仰是難以埋藏的，它很快就會溢於言表，在生活中外顯出來。

你要提升那些支配著你的思想與情感。這樣，一切關於你的事物就是卓越而高尚的。絕對不要讓任何低級的思想和任何不雅的行為顯露於外，你的言行舉止必須高雅。如此淨化自己的靈魂，將對你的人生有所助益，使你的生活品位提升至更高的水平。

「信仰」本身雖然只是一種思想產物，但它仍是現實的，而不僅僅是單純的心理想像。在你的信仰背後，還有某種更深刻的事物存在，亦即幫助你改變內心思想、就算害怕也能強迫自己向前行的力量。

發掘內在的源泉

一個人感覺到在自己的生命中，蘊含著真實的大道時，他即會明白，即使全世界都要反對他，他還是要勝利。沒有人能夠意想到，在重大急切的事變突然降臨我的生命時，我們能做出多麼神奇的事情。

我曾經看見過一個氣力平常的人，在受催眠時，把頭腳分擱在椅子的邊緣，中斷的身體則仰臥空懸。這個人自己也不相信他能做出這種事來；然而在催眠師強烈的暗示之下，說他能夠這樣做的，他卻很容易的做到了。

這個受催眠的人所顯出的神奇力量從何而來？當然不是從催眠者身上得來。催眠者不過是將受催眠者生命中的力量呼喚出來而已。這種力量是內發的，不是外來的，這種力量就潛伏在他本人的生命中。

而其力量來自於「大內在」。在這「大內在」中間，有著一種永遠不倦、永遠不錯誤的東西。這個「大內在」存在我們生命中，屬於我們而又不屬於我們，因為我們難以主動利用它。一切的真善美，都居留在「大內在」之中。這裡是美麗與公義的住家，這裡是精神之美的寄宿，這裡居留著「不可思議的平安」與「超越天地的光明」。

在每個人的生命中都有一種永不墮落與永不腐敗的東西，一種永遠真實的力量，換一句話，它也可以稱為「神性」。這種神性如果能被喚起，可以在最卑污腐敗之人的生命中，起到淨化的作用，那人就能恢復他失去的「良知」。等到他恢復「良知」以後，他就會做正直公義的事。這就是「神性」的力量。

我們偶有窺見「大內在」的機會。可能是我們最親愛的人死去時，這種創痛的經驗將我們生命劈開一條裂縫，使我們望見這種自己以前所夢想不到的力量。有時我們閱讀一本勵志書，或者聽了朋友的激動話語，使我們有機會發現真自我。無論如何，在我們望見自己的「大內在」後，我們的為人處事一定會大異於前。

許多人為人一世，從沒有深入自己的意識內層，發掘生命的源泉。所以他們的生命是枯燥渺小的。假使我們能深掘自己的「大內在」，並啜飲它，我們即永遠不會感覺口渴，或有感缺憾。因為在那個時候，宇宙萬物皆屬於我們。在一個人投身於「無窮」的懷中，而生活於「豐盛」的中間時，他的生命將不再渺小卑微！

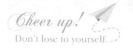

你來到這個世界上，是為了造就自己

每天閱讀無人在看的文章，每天思考無人在想的事，每天做無人會想做的事，因為永遠與別人一樣，不利心智的發展。

——美國作家，克里斯多福．莫利

我相信，只有當一個人感到所有外部的幫助都被切斷之後，他才會盡最大的努力，以最堅韌不拔的毅力去奮鬥，因為主宰命運沉浮的只有他自己，他必須自力更生，否則就要蒙受失敗之辱。

就像十萬火急的關頭，一切災難會激發出一個人做夢都沒想到過的一股力量。當危急關頭，不知從哪兒來的力量為他解了圍，他會覺得自己成了個巨人，他完成了危機出現之前根本無力做成的事情。當他的生命危在旦夕，當他被困在出了事、隨時都會著火的車子裡，當他乘坐的船即將沉沒時，他必須當機立斷，採取措施，渡過難關，最後脫離險境。

以「別無選擇」的心態投入人生舞台

有個男孩告訴爸爸：「我看過一隻土撥鼠上樹。」爸爸說那不可能，因為土撥鼠不會爬樹。男孩仍堅持自己的說法，並解釋道：「有一隻狗站在土撥鼠和牠的洞穴之間，於是牠就爬到樹上了，因為牠別無選擇。」

為什麼我們在生活中能夠做到很多不可能的事情？那是因為我們不得不這樣做。

很多人一生無所建樹的原因，就是因為他們不敢有自己的想法，不敢主動爭取。他們總是小心謹慎，不與別人發生衝突。他們在發表意見之前總是要先弄清楚別人的立場，看別人是否贊同他們。所以，他們的觀點就僅僅是別人觀點的修訂版而已。

我們愛那些有主見並敢於發表主見、有信仰並敢於實踐信仰、有信心並敢於依靠信心的人。我們鄙視畏首畏尾、不敢表達自己觀點的人，因為他們總是擔心會與別人的觀點相左，總是擔心冒犯到他人。我們尊敬並想要仿效的人，應該是志向崇高、目光遠大、勇於挺身而出、不畏人言、有強烈責任心的人，因為他不會因不被理解而心灰意冷，因為他知道，只有目光遠大的人才能看見他的目標，而他周圍的多數人之所以無法理解，是因為他們目光短淺，對他的目標視而不見。

你來到這個世界上有其目的，就是為了造就自己，為了幫助別人。扮演一個別人替代不了的角色，因為每個人在這場盛大的人生戲劇中，都扮演著自己的角色。如果你不扮演自己的角色，這齣戲將有缺陷。只有當一個人意識到他注定要在世上完成一件事、扮演一個角色時，他才能有所作為，而他的生活也就有了嶄新的意義。

唯一的限制，是你自己設立的限制

我曾經聘用研究生當助手，他們主要的工作是替我分類及回覆私人信件，並聽取我的口述將其記錄成各種文件。這是非常簡單的工作，所以連續幾個研究生都能盡忠職守，但因為他們總是來來去去，我時常記不住他們的名字，唯一讓我留下深刻印象的，是一個名叫成翔的青年。

每每在我囑咐成翔將整理好的文件交給我之前，成翔就早已將它們放在我的辦公桌上。而且在回覆信件方面，成翔不是依我的口述記錄下來後就放置不管，因為他經過反覆的研究，已經能抓住我回覆信件的風格與口吻，所以會先寫好一封完善回信，再給予我過目修正，省去我口述的時間。久而久之，我發現自己已經離不開他，甚而會在進行決策時詢問他有什麼意見與想法。

當他取得文憑並決定自己創業時，我心中自然是十分不捨。成翔離開的那日，我相當抱歉地說道：「這段時間裡，沒給你相關的幫助與教導，我真感到不好意思。」

沒想到成翔居然答道：「我學到的東西比您想像得多，我從替您回覆信件的過程中，學到了該如何與長官、客戶或屬下交際應對，從幫您聽打文件的過程中，學到了該如何進行一項專案。這對我來說都是非常難得的經驗。」

這是一個多麼了不起的青年！同樣的工作內容，他卻能發揮它最大的價值，並能將其為己所用。因此，我相信現在的他不管在什麼地方，絕對都能在人群中脫穎而出。

拿破崙曾說，進取心是一種極為難得的美德，它能驅使一個人在不被人吩咐的情況下，也會主動去從事他所應該做的事；僅次於此的，就是當有人告知你要怎麼做時，你就會立刻去做；更次等的，只有在被人從後面踢踹時，才會去做應該做的事，而這類人大半輩子都在辛苦工作，卻又抱怨自己運氣不佳。最後還有更糟的一種人，他從不去做他應該做的事，即使有人親自向他示範該如何做，甚至還願意陪他一起做，他也不會動手，因此這類人最容易遭人輕視，而你是屬於上述的哪一種人呢？

唯有付諸行動，才能打破現況

你不可能只是站著注視海水，就度過了海洋。不要讓自己沉溺於虛幻的希望之中。

——印度詩人，羅賓德拉納特．泰戈爾

人的一生是由一個個選擇構成的，每一個選擇都決定了你以後的人生道路。正是因為人們知道自己做出的判斷相當重要，所以害怕做出錯誤的判斷，得到錯誤的結果，猶豫的心理因此滋生。

有一頭飢餓的毛驢站在兩堆草料的正中央，無法決定究竟是該先吃左邊的草料，還是右邊的草料。於是牠就這麼走走又回頭，回頭又走走，最後就在兩堆草料間活活地餓死。

時時處於猶豫不決的狀態，就會耽誤事情的進展。無法面對抉擇，就易養成做事拖沓的習慣。當你總是強迫自己、為難自己時要特別小心時，這種徘徊不定的下場，通常就是選擇放棄，什麼都不做，落得一事無成。

養成具體行動的習慣

經典文學《老人與海》的作者厄尼斯特．海明威年幼時喜愛幻想，他的父親擔心他成為只會空想的人，於是講述一個故事給兒子聽——從前有個男人向思想家請教道：「人們說你是一位偉大的思想家，那我想請問成功的關鍵是什麼？」

思想家告訴他：「多思多得。」

於是男人回到家後，便開始躺在床上一動也不動的「多思多想」。

一個月後，男人的妻子跑來找思想家，並懇求道：「請您去看看我的丈夫吧！他自從那日回家後，就像著了魔一樣。」思想家到男人的家中一看，只見男人已形銷骨立。

男人掙扎地爬起來問思想家：「我每天除了吃飯，其他的時間都在思考，你看我離成功的距離還有多遠？」

思想家問道：「你都思考了些什麼呢？」

男人回答道：「我想的東西太多了，頭腦都快裝不下。」

思想家不以為然地說：「你除了腦袋上長滿頭髮外，收穫全是垃圾，因為只想不做的人，只會生產出思想上的垃圾。」

所以至此之後，海明威終其一生都喜歡實做而不空談，甚至在其不朽的作品中，也塑造出無數崇尚實做的主人翁。海明威說過：「沒有採取行動，有時會讓我感覺十分痛苦，甚至可說是痛不欲生。」正因為如此，他筆下的主角從來不說「我痛苦」、「我失望」之類的話，而他之所以能寫出流芳百世的名著，就在於他一生都是憑藉實在的行動而獲取成功。

世界上從來不乏空想家，反而缺少實做家，一個有滿腹經綸的人，可能是思想上的巨人，但卻也可能是行動中的矮子。沒有行動就想取得成果是不可能的事情，雖然理論與思想不可或缺，但更重要的是能否將之付諸實施，因為生活本身就包含了行動，生活的真理是：即使你擁有知識和智慧，但只要缺乏行動，一切都會變得毫無用處。

當然，一個簡單的想法就有可能改變世界，有許多事例也充分說明了這一點，但即使「想法」本身具有內在價值，只有當它伴隨著行動時，才會成為成功的關鍵，而這也就是說，成功地實行一個想法，要比一千個沒有被實行的想法更具價值！

只有不同的出路，沒有絕對的是非

很多時候，機會已經站在你的身旁，只要你堅定地伸出自己的臂膀，挽住她的腰，她就會傾心於你。但多數人的情況是，他們都曾想著挽著她的腰，卻又擔心她的心不屬於自己。就這麼在反覆思考間，讓機會悄然地溜走了。

為消除猶豫心理，你在做選擇時，不應將各種可能的結果視為非黑即白，甚至不應視為更好或更壞的道路，而是僅應把它們看成不同的出路。只要你勇敢地走下去，每一條路都是正確的選擇，只是其中的風景不同。如此一來，你就能大膽地行事。

其二，你要知道自己選擇這個目標的目的。例如，你去電子賣場買一台顯示器，首先你就應明確是買電漿的，還是買液晶的顯示器。尺寸跟價位在哪個檔次。將目標確定後，再去看貨，就不至於被售貨員的推銷弄得無所適從。

最後，你要善於應變，遇事不亂方寸。「智者千慮，仍有一失。」你考慮得再細緻，事到臨頭也會有意外的情況發生。這是意志薄弱者最易陷入的陷阱。因此你要遇事不慌，要用意志來約束自己，排除干擾，才能避免選到自己不想要的目標。

不斷制定後續目標，讓生命持久燃燒

只要記住——當你覺得失去一切的時候，未來依舊存在。

——美國發明家，羅伯特．戈達德

為什麼你不敢在人生之路上繼續前行？因為你覺得自己已失去一切，因為你覺得前方沒有任何值得嚮往的人事物在等著你。然而，那只是你目不可及而已，其實只要你再多撐一下下，就能看見新天地。永遠告訴自己：再多走一步，多走一步就能看見流水的源頭。

目標永遠在前

有位年輕的警察阿德，在一次追捕歹徒的行動中身負重傷，變得又跛又瞎。由於歹徒尚未捕獲，所以在那之後，支撐阿德活下去的就是「親手抓住歹徒」的意念。

此後，阿德不顧任何人的勸阻，積極地參與抓捕歹徒的行動，歹徒也終於在九年後落網，媒體大肆讚揚這位堅韌不拔的全民英雄。但出乎眾人意料的是，阿德不久後就在家中自殺。他的遺書裡這麼寫道：「這麼多年以來，我活下去的目的就是抓住兇手，而現在傷害我的兇手已經落網並且被判刑，雖然說我的仇恨因此而化解，但是生存的信念也隨之消失，當我獨自面對自己的傷殘時，我從來沒有感到過如此絕望。」

事實上，失去眼睛或是健全的腿並沒有關係，但是如果你失去生命中的後續目標，就形同失去了一切。有許多人之所以能夠活得十分具有活力，就在於他有值得生存下去的目標，然而，當特定目標實現之後，卻沒有後續目標來支撐，這將會使人感覺到內心空虛，人生不具意義。

當我們實現自己所期望的目標後，若想要繼續維持先前的熱情和衝勁，就必須立即再制定出足以讓人心動的目標，如此不但能保持先前實現目標時的興奮之情，還能繼續投注心力於另一個嶄新的目標上，從而讓我們不斷地成長！

沒有最好，只有更好

追求成功的人，會盡力尋求對現狀不滿足的地方，以發現自己的缺點，並加以改進。時時要求更好，時時努力超越自己，才能創造一個更美好的人生。不要竭盡全力去和你的同僚比拼，你應該在乎的是，你要比現在的你更強。

挑戰他人，挑戰自我，永遠希望做得更好。永遠不對自己的現狀滿意，永遠向著更高的目標前進，那麼你永遠可以做得更好！

人一旦滿足於自己目前獲得的成就，便失去了繼續前進的動力，不再追求更高的目標。而在這個競爭日趨激烈的社會，不前進便意味著後退，就可能被無情地淘汰。一旦你停止前進，便會被別人所超趕。

我還記得小時候學鋼琴時，父親對我嚴格得近似殘酷，每天放學之餘，還得花費數小時練琴。每當我遇到瓶頸時，父親總是問：「你竭盡全力了嗎？」我便只好咬著牙繼續練習，直到筋疲力盡且無法挺直身軀時，才去休息。

日復一日枯燥乏味的練功生活，使我覺得學鋼琴簡直是一種痛苦，於是我開始討厭鋼琴，打算放棄。父親得知我的打算後問道：「當初是誰央求我，說想學鋼琴的？」

我慚愧地說：「是我。」

父親說道：「你今天放棄鋼琴，明天還會放棄別的，因為做任何事情都會遇到無法預料的艱難。如果你決定去做什麼事，你就要用盡全力去做，否則你會一事無成。」

我委屈地說道：「可是練功的生活很無趣。」

父親說道：「任何一個學鋼琴的人都是這樣，別人都能做到，你為什麼不能，除非你是弱者。」

我不想成為弱者，多虧父親經常問我是否竭盡全力，我才能堅持到現在，擁有嫻熟的技巧，讓我得以隨心所欲地彈奏自己喜愛的曲子，並從中得到最大的快樂。

「沒有最好，只有更好。」如同成功道路上的一盞明燈，讓在這條路上前進的人們永遠朝前方的亮光行進。而成就沒有疆界，你應該開放思維，站在一個更高的起點，給自己設定一個更具挑戰的標準，才會有準確的努力方向和廣闊的前景，切不可做井底之蛙，滿足於目前的成就。

不要滿足於現在的自己，要力求更好，時時努力超越自己。希望和欲念是生命不竭的原因所在。記住無論在什麼境況中，我們都必須有繼續向前行的信心和勇氣，我們永遠不放棄，生命的價值自然會顯現。

12星座救生繩：你為什麼會產生放棄的念頭？

牡羊座：

你渴望被重視，所以當人們沒有即刻回應你，或是對你說的話置若罔聞，就會讓你感到萬分難過。尤其是「等等再說」這類的台詞最容易挑動你敏感的神經。一旦你準備投入一段感情、從事一份事業時，不要一股腦兒地就交出所有的熱忱，而應抓穩節奏慢慢地投入，才不會在人們無法立刻回應你的熱情時，就因此深受打擊，就此放棄。

金牛座：

你是個一旦對人事物產生感情，就很難放手的人，所以你很少主動放棄。如果真出現放棄的行為，多半也是因為外力介入而逼得你沒有選擇。例如：投入大量心力的專案才進行到一半時，被要求將項目移交給他人。這種被橫刀奪愛之感使你自暴自棄，產生「隨便怎麼樣都好」的心態。建議你把注意力放在這段時間裡你從中得到什麼收穫，而不是已經失去的結果，重新奪回被剝奪的成就感！

雙子座：

你只有在無法跟人事物產生連結感時，才會放棄。你需要知道周遭一切的訊息，諸如你將面對什麼樣的難題、難題又是為何會出現、若是沒有處理好會有什麼後果。如果無法得知自己想要的資訊，你就會顯得事不關己，棄之不顧。其實你可以從觀察與實做中獲得解答，所以請你先別著急，連結感是可以培養的，但那還需要你主動付出實際努力。

巨蟹座：

因為你認為想要得到安全感只能靠自己，所以你會為事業付出極大的努力，以保障衣食無缺、家庭美滿。所以當付出的努力與回報不成正比，你就會深受打擊，進而產生放棄的念想。因此你要適時地提醒自己，豐美的果實就在遠方，現階段雖然前進的速度緩慢，但取得巨大收穫的那一天終會來臨！

獅子座：

你總是為目標全力奮鬥，就算遇到問題也會極力解決。只有當你發現自己一直以來的努力都是徒勞無功，例如：人們對你開空頭支票，他們一開始就沒有打算認真對待你，你才會萌生「一切到底有何意義」的念頭，進而難以再次投入新事物。你要累積經驗，學會更快地判斷究竟什麼事情才值得投入，才不會因為錯誤的目標而徒耗你的生命熱情。

處女座：

當你被指派一項任務，你會盡心盡力地將細節修改到「增一分太肥，減一分太瘦」的程度，所以會因為無法忍受人們給予你「更完善」的修訂建議，而選擇一走了之。你要學會包容與妥協，因為世界上本就有千千萬萬種做事的方法，沒有絕對的是與非，畢竟你也付諸相當的努力，何必棄之如敝屣呢？倘若總是如此，你將很難堅持完成一件事。

天秤座：

你太過在乎他人的意見，使得你在進行決策或決定目標時優柔寡斷。只要他人的金口一開，你就會將自己已經擬定好的計畫全盤推翻。然而，這樣的反覆折磨將使你失去主動積極的意願，從而放棄自我，產生「怎樣都好」、「隨便」的念頭。請你不要忘記，真正做抉擇的人是你，他人的意見僅具參考價值。如此而得來的收獲才是真正屬於你。

天蠍座：

只要是你想得到的人事物，你就會嚴苛地要求自己「使命必達」，但卻又不會讓他人得知你的心之所向。正是因為這種深藏願望的作法，讓人們無法摸透你的心思，進而支持你，於是追求之路就更顯孤寂，易於作罷。所以請你找一個擁有相同願望的人陪伴吧，如此一來，在實踐的過程裡你們將能激發彼此更多的力量！

射手座：

你的人生宗旨是：「快樂就好。」無論是嚴肅之事或是玩樂，你都以雲淡風輕的態度待之。由於這種過於樂觀的個性，你容易將世間的一切理想化。所以，建議你不要一開始就把目標訂得如天一般高，才不會遇到重重困難後就輕易放手。只要你詳細立定目標，並定期檢視自己的進展，你終能戒掉三分鐘熱度！

摩羯座：

你有一份計劃表，讓你能隨時掌握生活各方面的進展，在面對天有不測風雲之事時，也能將生活調度如常。但如果人們不願配合你的進度表，你就會失去耐心，對混亂的情勢置之不理。例如，在工作流程已相當緊繃，長官卻還針對細節做不必要的反覆修改時，你會以冷處理待之。別賭氣了！如果到頭來還是必須處理這件事，你只是讓自己更難受而已。

水瓶座：

你向來沒有自己的目標，但身處團體時，你會為團體的目標而努力，展露自己的才能。因為能否贏得他人的尊重，對你來說很重要。所以若是沒有人認同你，你就會產生「我這麼努力是為了誰」的念頭，導致放棄。然而只有認同自己的人才能得到他人的真心尊重，所以你要學習提升自我價值，減少對他人的心理依賴。

雙魚座：

你常常能夠心想事成，因為當你真心相信一個人或一件事，就不會有絲毫疑慮。這讓你的字典裡鮮少出現放棄二字。但是你需要將目光放遠一點，而非僅滿足於完成短期目標帶來的成就感。否則你會因此而看不見生命的偉大宏圖，最終碌碌無為，與放棄並無二異。所以快著手立定你十年之後欲達成的目標吧！

Step 4

微笑面對難捱的逆境，它將賦予你前所未有的力量

AIR MAIL

浮游生命中，你會不斷地遇到逆境，
那是宇宙特意留給你的啟示，
一旦你能越過挫折的高山，
一旦你能橫渡痛苦的海洋，
即使一度疲憊地跪在地上，
只要仍能奮進不息地站起來，
宇宙就會讓你知道，你究竟擁有多麼大的力量。
要不是跟狂風暴雨搏鬥過千百回，
樹幹就無法長得結實。
唯有遭遇種種阻礙，
讓宇宙雕刻你，讓它磨練你，
你才能真正看見自己的生命價值，
你才能清晰地覺察內在真我的模樣。
所以再站起來，再多站起來一次吧。

讓願望凝結成決心，讓決心助你堅持下去

我們都有自己想要追求的人生、自己想要編織的夢想，我們都有能力實現願望，只要我們持續相信。

——美國作家，露意莎．奧爾柯特

人們很多時候會放任自己的種種夢想與渴念慢慢地淡漠下去。如果你問他們是否還保有夢想，他們可能會覺得你很可笑或天真，並說道：「我早已經過了作夢的年紀。」

那是因為他們的力量被消磨殆盡，使之向現實妥協。他們以為是歲月逼得自己必須放棄追尋夢想，但其實人們並非因為年老而停止追尋夢想，而是停止追尋夢想才變老。他們忘記，正是對夢想的熱情與堅持，他們的力量才持續增強，一步一步走到今天。

所以再怎麼痛苦難捱，都請你別拋棄曾經擁有的願望，一旦你拋棄它，就將失去超越困境的強大力量。因為內心深處的願望能鼓動我們生命力，它是我們的常備的補藥。

以決心為畫筆，完成生命的藍圖

每個合理的志願都絕對可以實現。所謂合理的願望，並不是指那些荒誕不經、超越情理的妄想，而是指實現種種理想的願望——充分且完滿地表現自我，即是我們對未來的「實際」構圖。

想要完成這張生命藍圖，我們必須將「願望」凝結成「決心」，畢竟光是不斷地渴望並沒有用處，只有強烈的願望與堅強的決心兩者相結合，才能產生足夠的能量達到目的。僅有願望而沒有決心，僅有理想而沒有努力，則這種理想與願望免不了煙消雲散。

振興是我做田野調查時的採訪對象，他是個服務三十幾年的老警察，在某次追捕歹徒的過程中，警車意外翻入一道深溝。緊急送往醫院手術並診斷後，醫生告訴他：「休養三個月後，你就能康復走路了。」

然而，振興的休養時間卻從三個月變成六個月，然後無限延期，向來開朗的他逐漸喪失勇氣，內心也越來越恐懼，越來越軟弱。直到某日早晨甦醒後，振興突然領悟一件事，他暗自問自己：「為什麼我擁有這麼多的時間，卻什麼也沒做？配合醫生的治療，再加上我的決心，也許我的狀況能得到改善。我不想未經奮鬥就投降，我要盡我所能地活動起來。」

一旦有了信念和決心，振興的內在力量突然湧現，軟弱和恐懼都不復存在，他掙扎著下了床。之後的日子裡，振興不斷地激勵自己不要放棄，只要有一塊肌肉能動，他就要勇敢堅持下去。因為光是擁有康復的願望是沒有用處的，他要將這個願望凝結成決心，並用這個決心，完成他充滿活力的生命藍圖，而非一個坐以待斃的病人。

如果振興僅是意志消沉地度過接下來的日子，那個當下的他不過是在徒耗僅剩的人生，不會有任何收穫。所以，無論振興最後是否完全康復，我都會說他已經達成了自己的目標，就是不再浪費生命而努力活著。因為當他決心達成願望時，就已經在實踐他的願望，願望也不再是一種空想。就像是一所建築是建築師腦海中的計畫之實現，一個人的生命與事業成功，也不過是其人的理想之實現。你的決心決定了你的生命形式，並且描繪出你擁有什麼樣的品格，能夠展現什麼樣的生命。

一旦你的願望出自心坎深處，一旦你能夠朝著願望奮鬥，這種決心總是會扶助你抵御一切的不和諧與不順利！

目標專一的執著

一九三三年，美國費城的植物學家大衛．柏培先生突發奇想，決定培養一種沒有臭味的金盞花，而他知道要達到這個目的就必須找出金盞花的突變種，於是他收集了六百四十種種子加以培養，但是等到它們長大開花後，他失望地發現每一株花都仍有臭味。然而，即使此次的結果不盡人意，他仍持續堅持大量栽種各式品種。直到後來有一天，某位聞花員興奮地在花畝中大叫道：「柏培先生，我找到了！」

大衛才終於聞到一株沒有臭味的金盞花。

戴爾．卡內基曾說：「擁有耐心與毅力，比起擁有聰明才智更能有所成就。」世上的事情千難萬難，最怕的無非是沒有目標專一的執著。而與執著同樣重要的便是目標明確，唯有目標明確，你才能知道自己前進與執著的方向。

當你要追求生命中的目標時，你必須相信自己的能力，並且不怕失敗地堅持下去，即使遭遇了挫折與失敗，只要你能一一克服，世界終將屬於你！

活著就會遇到問題，解決問題所以成長

我總是去做那些自己還不會的事，因為我或許能從中學到做這件事的方法。

——西班牙畫家，保羅．畢卡索

只要我們活著，就不可能沒有問題，假如真有完美無缺的烏托邦，我倒真想見識見識。

缺乏金錢時便有金錢的問題，擁有巨筆財富時也會有金錢的問題；經營者有時間的問題，無所事事之人也有不知如何打發時間的問題；也就是說，人生處處都有問題，而這正證明你確實是活在世界上。在墓園裡安息之人不會遭遇問題，因為他們不再具有生命；因此你要對自己遇到難題表示感激，因為你真真實實地活著。問題的鍛煉將強壯你的翅膀，讓你得以迎風飛翔。

感恩的力量

小喬年近三十，已經深受各種困擾好長

一段時間了。她擔心自己太瘦，擔心自己掉頭髮，擔心自己永遠嫁不掉，擔心失去男朋友，擔心別人對她的印象。她不斷地對自己施加壓力，彷彿沒有安全閥的壓力鍋。最後，小喬甚至沒辦法與家人溝通，無法控制自己的思緒，一點點的異動都能讓她驚跳起來，並常常無緣無故地號啕痛哭。

然而小喬並沒有就此投降，她決定出國進修，希望換個環境會有所助益。在英國待了兩個月後，小喬收到來自家裡的一封信。

母親在信中寫道：「女兒，你到了那麼遙遠的地方，但情況是不是沒有改變？其實我早就知道會如此，但我也知道你必須自己走一趟才能真正領悟，所以我沒有阻止你。但是你的處境之所以沒有改變，是因為你把煩惱隨身攜帶而去，那個煩惱就是你自己。擊敗你的不是你所遭遇的各種問題，而是你對這些問題的想法。你的想法決定你是個什麼樣的人，當你想通後，親愛的孩子，就回家吧！」

母親的信讓小喬怒不可遏，不敢相信母親竟如此無情，她現在需要的是同情，而不是指責。於是小喬一氣之下，決定再也不回家。然而幾日之後，小喬於公寓門前聽見一個街頭藝人在詠唱詩歌，他唱道：「戰勝自己的心靈比攻佔一座城市還要偉大。」

這一句話打穿小喬的心，在她的心中迴盪。她開始反思：那些讓我精神崩潰的事真值得憂慮嗎？為了這些微不足道的事，我錯過生命裡多少幸福啊！我將別人對我的關心視之為理所當然，並且因此埋怨對方。

認清自己後，小喬愕然驚覺母親說的沒錯，一直以來她都在想，為什麼她無法改變世界、改變困境以及改變身邊的每一人，但其實她唯一需要改變的是自己，也就是以感恩的心態去面對自己的苦惱。隔天一早，小喬就打道回府了，而那個被無謂的憂慮所困擾的她彷彿不曾存在過。

對你而言，生命裡的每一日是否都是痛苦煎熬？身陷困境時，你是否覺得所有人都遺棄了你？

人們都偶有不安的情緒，只是有些人的感受較強烈，持續的時間較長。然而解決的方式並無二異，就是感恩生命。感謝每一個順境、每個逆境，感謝優渥的環境、惡劣的環境，因為感恩可以改變你習慣性的憂慮，一旦你向生活表示感激，就沒有精力再為瑣事而憂慮。感恩是暗室裡的燭光，只需要一點源頭就能引發人們自身的能量，驅走憂慮的黑暗，一旦你真正體會到這一點，你就將痊癒。

站起來，再多站起來一次

法國軍事家拿破崙．波拿巴曾說：「人生之光榮，不在於永不失敗，而在於屢敗屢起。」人生道路上經常伴隨失敗，但是有些人在經歷幾次失敗之後就被命運打倒，進而再也站不起來，其實他們沒看見成功就在前方，甚至只要再一次的努力便能實現，所以勝利只屬於再一次站起來的人。那天我在公園漫步，看見一個年輕爸爸在教孩子騎腳踏車。那輛腳踏車彷彿跟那個孩子有仇似地，總是搖來晃去，孩子在過程中跌倒又跌倒。這個年輕爸爸看了於心不忍，於是跟孩子說道：「算了吧，我們改天再學。」

望著他們離開的背影，我想起自己第一次學騎腳踏車的情景。那時我的母親看見我傷痕累累的手腳，也是心痛地要我放棄。我已經感到非常挫折了，一聽母親的話，就賭氣地將腳踏車一丟，躲進家中。結果整個暑假，我只能眼巴巴地看著鄰里的孩童們一起騎車，享受迎風奔騰的自由。

我是既羨慕，又覺得屈辱，所以後來連續好幾天跟中了邪一樣，埋頭拼命地練習。如今想來，讓我學會騎腳踏車，並克服挫折的正是一個堅定的念頭，也就是每一次跌倒時，我腦海裡只想著：「我下一次踩踏板，就會成功。」

不知道你有沒有於大峽谷徒步的經驗？其實人生就跟穿越峽谷的過程相似，當你遇到難以通過的峽谷時，若是沒有足夠的毅力，真的很難順利通過。你可能會開始咒罵那些狹隘無情的自然景觀，內心湧上屈辱的感受，然而只要你再稍微撐下去，那些苦難全會被你拋諸於腦後，因為屆時展現於眼前的是遼闊且震撼人心的新天地！所以請你記住，那種開闊的感受會一直在前方等著你，它哪兒都不會去，而你只要再撐一步，走了九十九步，就再走第一百步，走了兩百步，就再走兩百零一步。

一個人要獲得成功就必須具備百折不撓的毅力，以及一雙永遠能看見希望的眼睛；眼睛能捕獲光明，讓你不至於迷路，毅力則能支撐你通向未來的那一段距離。永遠不要放棄希望！失敗並不打緊，只要擦乾眼淚、抬頭挺胸，也許多邁出一步，多站起來一次，我們便將面對一個全然不同的天空。

挫折是把雕刻刀，為雕出美麗人生而存

人生是一連串的經驗，每個經驗都助我們進步，即使有時這是很難理解的一件事。

——美國工業家，亨利．福特

失敗到底是幸運還是懲罰，這要看你對它的反應而定。

若你能夠將失敗看成無形引導你的命運之手，並接受此一信號，把前進的方向調整到正確的軌道，那麼失敗對你來說就是幸福。

若你將失敗看作是上天對你本身軟弱與無能的暗示，而從此心灰意懶，那麼失敗對你來說就是懲罰。

如何對失敗作出反應極為關鍵。它決定著你整個命運。

請你相信，這個世界是為了陶冶性格而存在，你必須了解，你所忍受的挫折及悲痛，都是為了幫助你向前邁進。

「失敗」是檢測軟弱度的最佳裝置

大多數人都是在失敗的信號來臨時便止步不前，有時候甚至在一點徵兆都沒有之前就灰心喪氣，更可怕的是僅僅遭受一次失敗的打擊後便丟盔棄甲。

其實失敗是測定個人軟弱度最好的「裝置」，而且它會隨之提供克服弱點的機會，照這樣來看，失敗永遠是一種幸運。失敗對人作用的途徑不外下列兩種：一、它挑戰你能否盡更大的努力；二、它測試你是否膽敢擁抱自己的脆弱。

你不妨檢查一下自己的失敗，看看自己是否有領導才能，你對失敗的反應會給出可靠的啟示。如果在連續三次之後你還能頑強不息地奮鬥，那麼你就可以「懷疑」自己在選定的領域內可能成為一位傑出人物。如果在連續十二次失敗之後你還躍躍欲試，這說明天才的種子已經在你的心靈裡發芽成長。只要你給予它希望與信心的陽光雨露，它會開出成功的花朵！

命運經常先給某些人重重的一擊，讓他們倒伏於地，然後看誰能夠站起來再投入人生戰場。那些勇敢的拼搏者就被選定為命運的主人，擔當起具有重大意義的使命。

一個人從出生到死亡的過程裡會不斷地出現挑戰，啟示你自己主宰命運、戰勝失敗、避免走向絕境。一旦你與失敗交鋒並奮力而戰，宇宙就會將你的人生雕塑成形，並作為獎勵贈送予你。

稍微切換視角，天地更寬更大

冬日的傍晚，我於回家的途中受到食物飄香的誘惑，走近一個小吃攤，打算買一份烤番薯好好享用。等待的那段時間裡，純樸可愛的老闆娘跟我攀談了起來，她埋怨道：「現在的錢實在難賺，我每天都在為生意不好而煩惱。你看到隔壁那個賣愛玉冰的攤子了嗎？」我點點頭。

老闆娘：「那是我先生的攤販。大熱天的時候生意真的很好，現在就沒什麼人買愛玉冰了。但是等天氣變熱的時候，反倒是沒有人想靠近我的攤販。一年到頭來沒有一天可以省心啊。」

我回答道：「老闆娘，你這樣說就不對了，你這不是一整年都過得很快活嗎？」

老闆娘皺眉問道：「你這話這麼說？」

我繼續說道：「你看，夏天的時候你們的愛玉冰賣得很好，冬天的時候烤番薯賣得很好，這不是一年裡的每一天都賺到錢了嗎？」

老闆娘一聽，憨直地笑了笑說道：「你說的也沒錯啦，這樣想心情好多了。」

其實這種「換個角度思考」的例子生活裡俯拾皆是，然而當發生在我們自己身上時，我們常常忘記督促自己切換視角，去找尋人生美妙的那一面。

或許是我們在演講時不小心咬字不清，惹得哄堂大笑；或許是求婚失敗而憎恨自己。此時不妨用不同的角度來看待眼下的境況，你一時的咬字不清會讓你更顯得有人性，拉近與觀眾的心理距離；你之所以求婚失敗，是因為眼前的情人並非真正適合你的另一伴，有更好的佳人在未來等著你。

正所謂：「橫看成嶺側成峰。」無論眼下的處境多讓你沮喪，無論你遭受何種打擊，只要稍微切換視角，你就會發現煩惱和抱怨隨之煙消雲散，助你度過難關的勇氣也油然而生，屆時就算你真不走運，黑暗之中無人願意伸手幫助你，至少你能自己點燃希望的火炬，獨自卻無所畏懼地前進。

破釜沉舟，踏上冒險的征程

停在港灣裡的船很安全，但那不是造船的目的。

——美國神學家，威廉．謝德

一日，我跟朋友趁午間聚餐。因為正逢大學開學日，他不免跟我抱怨起近幾年的大學校園簡直不像大學校園，可以說是退化成國高中校園的程度。

我問道：「這話怎麼說？」

他說道：「整個學校充滿了隨時待命的直升機父母，他們深怕孩子這也做不來，那也做不了，於是什麼事情都過分介入。我根本不是老師，而是這些學生的褓母了！」

「直升機父母」一詞，出自英國小說《可能含堅果》一書，意象形容整日盤旋在孩子身邊的瘋狂父母，無論孩子是否需要他們。這種無微不至地照顧，來自於人們「不敢放手」的心態，只是體現在父母兒女身上時，就造就了「寶媽」、「寶爸」跟「媽寶」。

活到今日，你是否也出現過不敢放手的時候呢？因為你畏畏縮縮地不敢嘗試，所以錯過突破風浪，拓展眼界的機會。然而，就像項羽於戰爭裡下令士兵們破釜沉舟，斬斷一切後路的心態一般，你應該拋棄舒適的港灣，勇敢踏上航程，冒險一回，如此才能充分實現自己的價值，看盡途中的美景美事。

關鍵時刻，大膽是致勝武器

一九九〇年的溫布登女子網球錦標賽中，十六歲的南斯拉夫選手塞萊絲與美國選手金娜．加里森對戰。賽後，賽萊絲垂頭喪氣地說：「我們雙方的實力太接近了，因此我總是穩紮穩打地擊出安全球，也不敢輕易地進攻，甚至在金娜第二次發球時，我還是不敢扣球求勝。」

但是金娜卻恰恰相反，她說道：「當時我暗下決心，鼓勵自己要敢於險中求勝，絕對不可優柔寡斷或是猶豫不決，即使因此而失球，我至少也知道自己已經盡了力。」結果，金娜在這場比賽的一開始就領先，繼而拿下第一局，後來又勝出一盤，最終贏得全場比賽。

遇到嚴峻的形勢時，人們的習慣性做法是小心謹慎以保全自己，結果導致我們不是考慮如何發揮自身的潛力，而是將注意力集中在如何減低損失上。如此一來，凡事的結局往往就會以失敗告終。在很多情況下，強者之所以成為強者，就是因為他們敢為別人所不敢為。

然而「大膽」不同於「魯莽」，此二者之間的本質有所區別。如果你將一生的儲蓄孤注一擲，只為採取一項引人注目的冒險行動，而在此之中你極有可能失去所有東西，那就是魯莽和輕率的舉動；相反的，如果你由於要踏入一個未知的世界而感到恐慌，卻還是接受了一項令人興奮的新工作，這就是大膽的表現。

世界的改變、生意的成功，常常屬於那些敢於適度冒險的人，有些人雖然十分聰明，但是對於不測因素和風險卻看得太過清楚，以至於不敢冒一點風險，結果導致他們聰明反被聰明誤。實際上，如果他們能轉化風險並且進行策畫，那麼風險將不會再令他們感到畏懼。

你的人生浮沉不定，而未來的風景卻隱藏在迷霧之中，當你朝前方前進時，會有坎坷的山路與陰晦的沼澤，雖然看似危險，但這卻是在有限的人生道路上，通往成功的捷徑。適度的冒險意味著充分地過生活，一旦你明白它將帶給你多大的幸福和快樂時，你就會願意開始這次的旅行。

勇於割捨，尋找屬於自己的位置

你這麼問道：「我做事很認真又腳踏實地，應該能夠成功，但為什麼實際上卻一敗塗地呢？」

原因在於，你沒有勇氣放棄目前這片已經荒蕪貧瘠的土地，沒有勇氣再去找肥沃多產的田野，所以只能白白花費大量精力，消耗寶貴光陰，卻仍然一事無成。

如果你已長期盡心盡力地投入在一件事當中，但仍舊看不到一點進步、一點成功的希望，那麼你就應該停下腳步，問問自己：「以我的興趣、目標與能力來說，我是不是走錯了路？」若是你發現自己走錯了路，請你趕緊掉頭，去尋找更適合自己、更有希望的工作。人生短短數十年，你不應該再浪費時間，不可再無謂地消耗自己的力量。

我有個朋友現職是樂評人，他從小到大的志願是成為一名優秀的鋼琴演奏家。整段青春歲月裡，他每天以令我瞠目結舌的意志力苦練琴藝，然而只能說他真沒有天分，雖然每個音符都表現得很完美，卻缺少藝術該有的生命力。

有一日，他終於認清現實，決定放開這個美麗的夢想，重新評估自己的興趣與優勢，轉而投入樂評的工作。沒想到他的表現反而精彩萬分，名氣也越來越響亮，意外成就人生的嶄新樂章。

一個人因為找錯職業，以致不能充分發展自己的才幹，實在是件可惜的事情。但是只要你能夠認識到這個問題，就算起步慢了一點，也有東山再起的希望。請你大膽地嘗試，無畏無懼地尋找自己在生命裡的位置。最後，一旦找到正確的方向，就堅持走自己的路，別去在意他人的冷嘲熱諷。

當你成功之時，你定會感到生活與思想都已煥然一新，你會發現，自己已是個浴火重生的全新靈魂。

輸得精彩，最終才能贏得漂亮

曾經嘗試，曾經失敗。沒關係，再嘗試一次，再失敗一次，從失敗中變得更好。

——愛爾蘭劇作家，薩謬爾．貝克特

我非常喜歡看球賽，有些經典賽事重複看幾次都不會膩。有一日，朋友問我熱衷賽事的原因。我回答道：「除了令人無法喘息的張力之外，最吸引我的其實是球員的故事。」如果你長期看一個球員打球，你就是在見證他實現夢想的過程，那種熱血與熾熱不滅的戰鬥力才是最值得回味之處。

球賽中難有常勝軍，在取得成功之前，你必須經歷數次失敗，而你也無路可逃，必定得不斷地從失敗中振作起來，如果哪天你無法站起，那就注定永遠退出比賽。你必須往上爬，而往上爬只有一個方法，那就是每一次失敗，都比下一次失敗得更漂亮！

所以，你可以將苦難看成炸破心靈的砲

火，怪罪它無情地轟炸你，但不能否認的是，你心中那道被炸開的裂縫，將會有豐盛的經驗與歡愉不息地泉湧出來！

功夫需苦練而得

功夫，是指一個人經過努力而獲得的成就。為寫得一手好字，花費數萬個小時練習而成，可以說是功夫；日復一日地練習而演奏出動人心魄的樂章，即是功夫。揉麵的老師傅有功夫，鎮日揮舞鍋鏟的廚師有功夫，練到腳趾磨破皮的芭蕾舞者有功夫，練到筋骨作痛的球員有功夫。

某次，我因為工作上的需要，拜訪一位畫家朋友。恰巧聽到她的學生詢問她，究竟要如何才能練就像她一樣的繪畫技巧。我的這位畫家朋友要她的學生別心急，按部就班地依照她給的功課練習。只見那位同學露出失望的神情，隨即告別我的畫家朋友，拂袖而去。

朋友一陣苦笑，並對我說道：「我再怎麼解釋技巧的養成需要時間，無法一蹴可幾。這些小朋友就是聽不懂，他們以為我不願跟他們分享其中的竅門。」

我問道：「難道真的沒有更快達成目標的訣竅嗎？」

畫家朋友說道：「當然沒有。只有無數次地臨摹、學舌與失敗實驗堆積出來的基本功。促使我們進步的是無數次失敗的嘗試，再從錯誤中學習。而一些被稱為天才，看似很快即能達到目標的人，只不過是因為他有較高的理解力而得以加快從錯誤中學習的進程。實際上，他們還是得經過無數次失敗的模仿與實驗。」

我太認同這位畫家朋友說的話了，唯有扎實地苦練才能達到功夫的境界。所以，你能忍受這種長時間反覆地練習，無限地單調重複，直至用盡氣力，汗水流盡的過程嗎？那是一種如漫漫長夜永不止盡的感受，因為你知道不可能立刻就達到功夫的境界，所以過程裡，你就必須做好心理準備，綿綿無期的孤獨與低潮是不可避免。

千里之行，始於足下

東漢有位少年名叫陳善，由於他獨居的住處髒亂不堪，因此他父親的朋友薛勤批評道：「你為何不將住處打掃乾淨以迎接賓客？」

他回答道：「大丈夫處事，當掃除天下，安事一屋？」

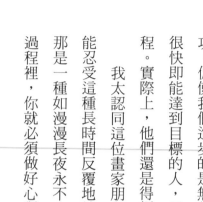

薛勤當即反駁道：「一屋不掃，何以掃天下？」陳善之所以不掃屋，無非是不屑此事，儘管他欲「掃除天下」的回答顯示出他胸懷大志，然而，「不掃屋」卻未必是「棄燕雀之小志，慕鴻鵠以高翔」的真正表現。

凡事總是由小至大，正所謂集腋成裘，事事皆須按一定的步驟加以完成，《詩經》的〈思齊〉篇中也有「刑於寡妻，至於兄弟，以御於家邦」之語，意思就是說先讓自己成為妻子的榜樣，再進而推廣至兄弟，最後便可治理家庭與國家。試想，一個不願掃屋的人，當他著手進行一件大事時，他必然會忽視它初始的環節和基礎步驟，因為這對於他來說，也不過是掃屋之類的小事情，但這就如同一座沒有打好地基的建築一樣，恐怕就連最輕微的地震也承受不起，終究無法避免坍塌毀壞的命運。

「千里之行，始於足下。」這句老生常談說明若沒有平日的積累，縱然有最好的機會降臨到我們身上，我們也只能手足無措地與它擦肩而過，但這將是多麼遺憾的事啊！

千萬別小看日常生活中不起眼的小工作，其實它們正是大事業的開始，而你能否清楚明白這一點，便是成就大事業者與眼高手低、碌碌無為者的首要區別。

向逆境乾杯致敬，英雄誕生於此刻

投之亡地然後存，陷之死地然後生。夫眾陷於害，然後能為勝敗。

——中國軍事謀略家，孫武

《鄒忌諷齊王納諫》是春秋戰國時的一篇文章，鄒忌的身材高挑，十分瀟灑。某日早晨，他對鏡穿戴衣冠時，向妻子問道：「我跟城北的徐先生相比，誰較英俊？」

妻子笑了笑地說：「當然是你啊！」

但因為徐先生是齊國著名的美男子，所以鄒忌又忍不住問妾侍：「我跟徐先生相比，誰較英俊？」

妾侍說：「徐先生怎比得上你呢？」

當天家裡來了一位客人，鄒忌跟他閒聊時又問：「我與徐先生相比，誰較英俊？」

客人說：「徐先生當然比不上你。」

沒隔幾日，鄒忌有機會與徐先生相見，卻發現自己根本不及對方英俊。所以，他反覆琢磨為什麼他的妻子、妾侍跟客人都對他撒謊呢？最後他了解自己之所以聽不到真話，是因為他們都敬畏或有求於他。

我想，身處逆境的好處之一就是，倘若人們不再畏懼或有求於己，我們自然就能聽到他們的真心話，就能得到對我們來說最有助益的真實想法，進而對自己有更正確的認知。所以請你別急著埋怨逆境，反而應該高舉酒杯向它致敬，利用它磨練自己的心志，澄清自我的眼界，有效地提高自己的缺點，發揮自己的長處，最後真正完整自己。

給自己一片危崖

一日，老張到山裡砍柴，無意間發現一隻模樣怪異的幼鳥，於是他將這隻怪鳥帶回家飼養。然而，隨著時間過去，幼鳥逐漸長大，老張的鄰居發現那隻鳥其實是一隻鷹，對村莊裡的孩童來說十分危險。

於是，鄰居要求老張殺掉那隻鷹。

畢竟也飼養了一段時日，老張實在捨不得，但無論他怎麼驅趕這隻鷹，牠就是不飛走，即便牠拍動翅膀，也飛得不遠。見此，村長想了想後說道：「你把鷹交給我吧，我有辦法讓牠從此高飛，不再回來。」

於是，村長就帶著這隻不會飛的鷹來到一個陡峭危險的懸崖峭壁，然後瞅不冷地將鷹狠狠往深澗丟下去。那隻鷹來不及反應，就這麼像石頭般地下墜，然而，快要到澗底時，牠突然展開雙翅滑翔，接著拔高飛向天空。

人就像故事裡的這隻鷹，安逸舒坦的日子可能讓我們連飛翔的本能都忘得一乾二淨。其實我們每個人都不忍放棄現有的東西，對舒適平穩的生活戀戀不捨，但是一個人要想讓自己的人生有所轉機，就必須懂得在關鍵時刻把自己帶到人生的懸崖。

所以請你捫心自問，你已經在自己的舒適圈裡待多久了？以至於任何因為變化帶來的壓力都能輕易將你擊倒。別說不敢在逆境裡背水一戰，在順境時，你也竭盡所能地切斷任何刺到手的荊棘，確保自己不會流一丁點的血。

當然，脫離舒適圈意味著你會站在一個你不熟悉的地方，你知道自己可能會暴露更多的缺點，所以你會擔心害怕。然而，這都只是學習的過程而已，就像你年幼時，面對這個千變萬化的陌生世界，也是從一無所知開始學習。你可能會跌倒，可能會受傷，但跌倒又如何，你可以再站起來，被客戶拒絕又如何，你可以再接再厲。如果你不主動給自己累積經驗的機會，你當然永遠學不會振翅飛翔。

別忘記，給自己一個懸崖，其實就是給自己一片蔚藍的天空！

鍛煉是再次呈現你尚未學會的功課

人的一生中，收穫最多的階段，往往是最難挨、最痛苦的時候，因為它迫使你重新審視反省，替你打開內心世界，帶來更清晰、更明確的方向。

日本戰國時代，豪傑山中鹿之助的主君尼子氏遭到毛利氏滅亡，因此山中鹿之助立志消滅毛利氏，替主君報仇。但當時毛利氏的勢力正如日中天，膽敢站出來與毛利氏敵對的遺臣可說少之又少，許多人一想到這是場毫無希望的戰鬥，就心灰意冷。

然而詭異的是，山中鹿之助卻時常祈求神明賜與他七難八苦。

很多人不理解他此舉的用意，所以好奇地問道：「人們都求順心順利，你為什麼要祈求苦難？」

山中鹿之助回答道：「因為一個人的心志和力量，在經歷挫折後才會顯現出來。所以我希望能借各種困難險厄鍛煉自己。」

想要將生命完全掌控於手中是非常困難的事情，但我們可以藉由日積月累的經驗匯聚出一股力量，讓我們逐漸地在人生賭局中進出自如。而這種經驗的來源，就是故事裡山中鹿之助祈禱的原因。也就是，透過種種的困難考驗，他將能自覺地把體能與智力發揮到極限。

當然，災難降臨時，我們會感到內心不安或意志動搖，但只有與苦難共舞，我們才能看清造成我們感到痛苦的來源本質，看清自己的弱點。而那就是我們應該學習的功課。所以意外面臨這種情況時，我們也必須不斷地自勵自勉，鼓起勇氣面對。

事過境遷之後，你再回首察看那些「七苦八難」，你會發現它們並沒有你當時以為的那麼糟糕，而這，就是你的成熟與鍛煉。

堅持未必成功，但放棄注定失敗

人並非生來就要被擊敗的。一個人可以被摧毀，但不能被擊敗。

——美國作家，厄尼斯特．海明威

世界上沒有一種東西，可以替代「堅韌的意志」。

教育不能替代，多財的父母、多勢的親戚以及其他一切都不能替代。

堅韌的意志，是所有成大事業之人的特徵。他們或許缺乏其他良好的素質，或許有種種弱點、缺陷；然而堅韌的意志，是他們絕對不會缺少的涵養。勞苦不足以讓他們灰心，困難不足以讓他們失志，不管事情怎樣，他們總會堅持忍耐著，因為堅韌是他們的天性。

人們的成功史，每時每刻都在證明「堅韌」可以使人脫離貧窮，可以使弱者變成強幹，無用成為有用。

永不言棄，黎明就在前方

在奮進的過程中產生退縮的念頭時，你要特別注意。因為那是最危險的時刻，也是最具希望的關鍵。歷史上的許多大事業，都是在多數人想要「退縮」時造就而成的。

許多人開始時滿腔熱忱，但往往半途而廢，就因為他們沒有充分的堅韌力，足以使他們達到最終的目的。當我們滿腔熱誠、意氣豪邁的時候，做事是何等的容易！所以我們不能在開始做事的時候，就估量一個人的真價值。我們不能以競賽起步時的速度來評判人，我們應該以到達終點時的速度來判斷。

做事是否不達目的不肯放手，是測驗品格的其中一種標準，因為堅持的力量難能可貴。尤其是當大家都已退出、都已回頭，而只剩自己孤身作戰時，你仍然堅持不放手。這種堅韌力與毅力何等強大！

有人向一名富商推薦一名青年，在他向友人舉出青年的種種優點時，商人聽完後只問道：「他有耐性嗎？這是最要緊的事。他是否堅忍不拔？」

是的！這是你的終生問句：「你有耐性嗎？你有韌性嗎？你能在失敗之後，仍然堅持嗎？你能不管任何阻礙，仍然前進嗎？」

從培養自制力開始

意志力對於我們的意義，與方向盤對於汽車的意義類似。如果沒有方向盤，汽車就不能向著正確的方向行駛，不能在該停止的時候停止，在該加速的時候加速，最終的結果要麼是停滯不前，要麼就是走向毀滅。一個有著強烈自制力的人，就像一個有著良好系統的汽車一樣，很大程度上能夠隨心所欲，到達自己想要去的任何地方。

我們究竟如何才能擁有堅韌的意志力？所謂的意志力，是指人們對自己的目的有自覺，並能根據目的來支配自身的行動，以求實現預定的目標。意志力並非與生俱來的能力，而是透過具體活動的實踐過程逐步鍛鍊出來的。

美國石油大亨保羅．蓋蒂曾經是個大煙鬼。有一次，他在一間小城的旅館過夜。清晨兩點鐘，蓋蒂醒來後想抽一根煙，不料煙盒裡頭卻是空的。但旅館的餐廳跟酒吧早關門了，他得到香煙的唯一希望是套上衣服，走到幾條街外的火車站去買。

越是沒有煙，想抽的癮就越大。

但就在蓋蒂穿戴好衣服，準備伸手去拿雨衣時，他突然停下動作。他問自己：「我這是在幹什麼？」

蓋蒂站在那兒尋思，一個自以為有足夠理智對別人下命令的人，竟要在三更半夜離開旅館，冒著大雨走過幾條街，僅僅為了得到一支煙？於是蓋蒂下定決心，把空煙盒揉成一團扔進了紙簍，換上睡衣返回床塌，帶著解脫感進入夢鄉。從此以後，保羅·蓋蒂再也沒有拿過香煙。

這看起來只是一件小事，但這種自我克制正是實現目標時不可或缺的關鍵力。

想要培養堅定自制力的，首先我們應該從心裡認識到自制的重要，然後才能自覺地培養。在日常生活中，我們應該從維持良好的生活紀律開始，藉以學會克制。哪怕是對自己的一點小的克制，也會使人變得強而有力。

屆時你會發現，你不再因為抵擋不住誘惑而後悔不已，你已能在人生道路上把握好自己的命運，不會為得失越軌翻車，並戰勝困難，最終取得成功。

信念的翅膀，帶領你飛越人生低谷

信念是能感知光明的小鳥，於拂曉的黑暗中啁啾歌唱。

——印度詩人，羅賓德拉納特．泰戈爾

信念就是力量。擁有堅定的信念，就等於替自己增添一雙翅膀，讓人得以飛越人生低谷，找尋新的出路，而非任由挫折和厄運阻撓人們。

你的心裡隱藏著巨大的能量，只要你運用這股堅定的信念，在人生的道路上不管是遇到什麼挫折和疾苦，你都能戰勝。因為有信念的人除非生理上精疲力竭、無力拼搏，否則他絕對會想盡辦法用他的智慧與能力取得成功。

一個人能擁有堅定的信念並不難，難的是一直保持這種信念。

沒有信念，小山丘也將變高山

一日，一名教授將其最得意的兩位學生找

來，各給他們五隻白老鼠，然後要求他們在一個月之內教會老鼠特殊技能。

教授對其中一名學生說：「你很幸運，因為你的老鼠是特殊基因培養出來的，我希望你教會牠們坐下、翻身、裝死等等技能。」

教授對另一名學生說：「你分到的是五隻普通的老鼠，不論想教會牠們什麼，都只是白費心機。」

一個月之後，兩名學生帶著他們的白老鼠回來。第一位學生很興奮，因為他教出的老鼠簡直就像訓練有素的馬戲團員，一個口令一個動作。而第二名學生則對教授說：「您說的對，我的老鼠真笨，成天縮在角落一邊，給牠們食物也不敢過來吃，我沒辦法教會牠們任何事。」

教授笑了笑地說道：「其實十隻老鼠都是一樣的，唯一的差別在於你們，一個人將注意力放在如何教會它們，而另一個人則將注意力放在為什麼牠們怎麼教也教不會。」

毋庸諱言，在現實生活中，我們每個人都會畏懼困難，害怕困難。但是一個人要想獲得成功，就必須向困難挑戰。此時的我們應該告訴自己要堅強，心理不能先於身軀垮下去。

亞伯拉罕．林肯說道：「噴泉的高度不會超過它的源頭；一個人的成就不會超過他的信念。」古之立大事者，不惟有超世之才，亦必有堅忍不拔之志。如果有堅強的自信，平凡男女也能做出驚人的事業來。膽怯和意志不堅定的人即使有出眾的才幹、優良的天賦、高尚的品格，也終難成就偉大的事業。心有信念的人，可以化渺小為偉大，化平庸為神奇。相反的，你若認為連最簡單的事也無能為力，那小山丘對你而言，也會變成不可攀的高山。

沒有絕望的處境，只有處境絕望的人

命運一直藏匿在我們的思想裡。許多人走不出人生各個不同階段或大或小的陰影，並非因為他們天生的條件比別人差得多，而是因為他們沒有突破陰影的思想，也沒有耐心對準一個方向緩步向前，直到眼前出現新的洞天。

在真實的生命，每樁偉業都由信心開始，並由信心跨出第一步。我們對自己抱有的信心，將使別人對我們萌生信心的綠芽。

在人生道路上，困難和挫折是難免的，人生起起落落也無法預料，但是有一點我們一定要牢牢記住：永不絕望。當我們遇到逆境時，千萬不要憂鬱沮喪，無論發生什麼事情，無論你有多麼痛苦，都不要整天沉溺於其中無法自拔，不要讓痛苦佔據你的心靈。困難來臨時，我們要有勇氣直面困難、打倒困難，以頑強的意志戰勝困難。

身體的健康，很大程度上取決於精神健康，取決於信念堅定。在這個世界上，在很多情況下，人所處的絕境，並不是真正的生命絕境，而是一種精神和信念的絕境。你的精神和信念永遠不能垮下來，請你在絕望中，也仍要追尋希望之花。

生命中或許有失望，但一定不能絕望，總要滿懷期望。只要自己不放棄希望，充滿自信心，就可能戰勝困難而獲得成功。你若告訴自己可以辦到某件事，這事是可能的，你便辦得到，不論它有多艱難。

輸給誰都沒關係，但絕對不能輸給自己

對於肯嘗試的人來說，這世界上沒有不可能的事情。

——馬其頓國王，亞歷山大大帝

永遠不要輸給自己。你是自己最大的敵人，很多時候，你在成功路上的最大障礙恰恰就是自己。

培根曾說過：「人人都可以成為自己命運的建築師。」當我們面對路上的荊棘，不要畏縮，因為通往雲端的路會留下攀登者的足跡；當我們面對人生路上的挫折，不要灰心，因為試飛的雛鷹也許會摔下一百次，但肯定會在第一百零一次的試飛中，沖入藍天。

別人認為你是哪一種人並不重要，重要的是你是否肯定自己。別人如何打敗你，並不是重點，重點是你是否在別人打敗你之前，就先輸給了自己。唯有時刻堅信自己，才能戰勝靈魂深處所有的弱點，始終處於不敗之地。

不服輸的人才有贏的希望

對於一個人來說，成功的信念和積極的心態比什麼都重要。只有這樣，你才能在困難中堅持，在堅持中成功。面對各種不利，只要成功的可能，你就不該放棄。任何事情只要你認為是正確的，事前切勿顧慮過多。最重要的是，你要拿出勇氣全力衝過它。

除非你自己放棄，否則你不會被打垮。成功的人之所以成功，他們靠的是什麼呢？他們告訴自己：「我不服輸，永遠不服輸！」

你生活在競爭如此激烈的社會中，與天鬥，與人鬥，每個人都想要獲取勝利、出人頭地。但是，經過多少次的失敗，你才真正的明白，那個最終使你受傷的強大的敵人，深深地隱藏在你自己的心中，這個世界上真正能夠打敗你的人，唯有你自己。在人的一生中想得最多的是戰勝別人，超越別人，凡事都要比別人強。其實，人一生中面臨的最大困難和敵人就是自己。戰勝了自己，你將戰勝一切！

把苦澀的微笑留給昨日，用不屈的毅力贏得未來

沒有誰的人生一帆風順，任何人都會遭逢厄運。積極的心態和頑強的努力，能讓你

解決任何難題。只要你心中有光，你仍然可以通往未來，因為很多時候擊敗我們的不是別人，而是自己對自己失去信心，自己熄滅心中的希望之光。

如果你真的失敗了，就要想辦法從失敗中找回勝利，以百折不撓的精神擁抱勝利。以頑強的毅力和奮鬥精神去迎接生活的挑戰，如此一來，你才能夠免遭淘汰。上蒼能在無意中奪去你的視力，也可以在你不知不覺中毀掉你的手臂，但只要你能充滿信心地與命運進行搏鬥，你就能戰勝一切困難和障礙。

在現實生活中，我們會跌倒，會被打垮，或被弄得遍體鱗傷。但是不管發生了什麼事，跌倒了就要勇敢地站起來，跨步向前走。再多的苦難，再多的不幸，都只是我們走向成功的階梯，它只會讓我們越發成熟，更加執著於追求目標。要知道，蒙灰的黃金也要經過時間的流逝和風雨的打擊，才會發出耀眼的光芒。

研究成功要從研究失敗開始，超越失敗後，你才會獲得真正的成功。失敗正如冒險和勝利一樣，是生命中不可缺少的一部分。放棄，是失敗的主要因素。偉大的成功通常都是在無數次的痛苦失敗之後才能得到。

認清問題的本質，才能妥善地解決它

> 當一個堅決的年輕人走到惡霸跟前，勇敢挑戰他後，常會訝異對方是紙老虎，發現他僅是為了阻嚇膽怯的冒險者。
>
> ——美國詩人，拉爾夫．愛默生

即使發生問題也不必停止前進、嘆息、煩惱或意氣消沉，只要解決問題即可，此時所需要的是想出解決問題的辦法。

人能從不可能變為可能，從消極變為積極。當你有朝一日捱過現階段，再回頭來看世界時，你會發現所謂的不幸，是由自己造成的。自己造成不幸，自己挖掘坑穴並躍入其中，於是才會虛度終生。成功的人態度積極，會依照積極思考來行動，並憑著積極行動和思考來判斷是非，並解決問題。

無法解決的就不是問題

有時解決一個問題是需要時間的。然而所謂的問題必定有解決的辦法，還未找出解決辦法以前，無法將其解決。即使發現了解決辦法，如果不努力或不肯付出代價，也無法解決問題。同時，若失去了適當的時機，也無法解決問題。因此你需要考慮一些因素，而由自己把握適當的解決方法。

無法解決的事情不能算是問題，這只是誤用名稱而已。正在閱讀本書的你和撰寫本書的我都難免一死，雖然不知道誰會先死，但必死無疑，那麼死亡究竟算不算問題呢？對某些人來說這會形成問題，但其實死亡不能算是問題，問題在於你對死亡的態度。

人都要歷經生、老、病、死，這是不是問題呢？其實這也不能算是問題。疾病有辦法可以使其症狀減輕；死亡雖然無可避免，但可以設法保持健康直到死亡；老化也不是問題，由於保養得法，外表會顯得比實齡年輕，而有時卻會比實齡顯得蒼老，但上了年紀後，看起來年輕與衰老就不是實際問題了，問題在於如何應付老化現象。

若把不屬於問題的事情當作問題來處理，就會使自己的精神狀態嚴重地削弱。假如天天擔心自己會死，這種精神壓力反而會造成你提前死亡。所以，你應該了解無法解決的事情根本不是問題，因此不要把它當作問題來看，只要是問題必定有解決的方法。

假如你對某一問題心存畏懼，問題反而會找上你。但如果你根本不在乎，則問題本身就會怕你，怕被你擊敗，結果本來很嚴重的問題就會減輕許多。而且你會擁有絕對的信心，心中會想：「我這次也是贏定了！」因此在你還尚未跟問題交手以前，勝負就已注定，這便是一個人面對問題的態度為何如此重要的道理所在。

以暴露療法克服陌生感

恐懼確實是一股強大的力量，它會阻止人們追求他們想要擁有的事物，但恐懼感並非是天生所有，它是我們在成長過程中經過學習而得到的情緒反應，比方說，我們因為曾經被蛇咬傷，所以後來才會害怕井繩，既然恐懼是經由學習而得，自然也能經由學習而消除。

恐懼多半是心理作用，好比煩惱、緊張、困窘、恐慌皆是起因於消極的想像，只是我們無法根除恐懼的病因，正如醫生發現你身體的某部分受到感染後，將會開始進行治療，而有效的治療就是對症下藥。

恐懼是因消極經驗而導致的陌生感，所以要消除恐懼就要先消除陌生感，意即越是令人害怕的事物越要多加接觸，而具體的作法是，先了解你究竟害怕哪些事物或情境。

當你設想出幾種令你產生恐懼的情境後，你便可按照恐懼的輕重程度排列程序。比如，一個害怕接觸異性的人，他所列出的想像情境可能是：（一）在社交場合中，走向一位相識的異性，並和他打招呼。（二）在休息室，碰到一位認識的異性，並和他一起喝茶聊天。（三）當我說話時，某位我具有好感的異性一直盯著我看。（四）工作時，一位異性同事不滿地批評我。（五）辦公室裡，異性老闆與我討論我應改正的缺點。

當他將上述設想的情境寫在卡片上後，就能重新排列卡片，也就是把最讓他恐懼的情境卡片放在最下面，而恐懼程度最輕的放在最上面。

在你完全放鬆並且想像卡片上所描述的情境時，你將會感到害怕，然而，當恐懼感一旦降臨，你就應立即停止想像，然後漸漸放鬆自己，如此反覆，每天堅持練習一小時左右，相信你很快就會忘掉過去的消極經歷，進而消除對某些事物的恐懼感。

12星座救生繩：你該如何鍛鍊意志力？

牡羊座：

你天生是個獵人，孜孜不倦地朝獵物前進，因此想鍛鍊意志力，像教練激勵運動員那般的方式最適合你。勝利，是讓你的戰鬥力高漲的關鍵詞彙。所以，你可以尋找一個能讓你產生「棋逢對手」之感的競爭者，讓你們得以彼此競爭，彼此成長，最終你會發現自己的意志力已堅不可摧，無人能擋！

金牛座：

在意志力薄弱之時，處事腳踏實地的你可以藉由以下問句來堅定自己的心：

「今天如果我完成目標，我將能得到什麼收穫。」也就是藉由思考自己未來將收穫的成果（例如：銀行的存款增加、拓展人脈），來助自己跨越心理障礙，並保持每次一小步的進展速度。這種敦促的思考模式將帶來安全感，讓你穩定前行。

雙子座：

你較容易陷入思想的陷阱。聰明如你會在腦中描繪實現目標的步驟，但因為過於豐富逼真的想像力，讓你得以從中獲得「實現目標」的滿足感，而失去在現實世界裡採取建設性行動的意願，成為擁有偉大目標卻拖沓行事的人。建議你制定符合自己所能的計劃表，改善「明天再做」的思考模式。

巨蟹座：

你絕對擁有完成目標的能力，但因為天生易感憂慮，導致你累積很多不必要的壓力，又因為你不懂得化解，阻礙你朝目標邁進。請你千萬不要以縱情享樂的方式來按撫自己的心，雖然那暫且能舒緩你敏感的神經，但事後只會變得更糟糕。你可以選擇增進生理耐力的有氧運動，藉由汗水排除體內的負面思考。

獅子座：

一旦你發現自己不是話事人，而是受制於其他人，心理就會不由自主地產生抗拒感，降低貫徹事情的意願。想克服這種消極抵抗的行為，你必須當自己的王者，從事一份工作時，是為自己而工作，而不是為他人工作、服從命令而已，也就是保有屬於自己的個人目標，並使之與他人的目標相結合。

處女座：

你始終認為提升意志力的唯一方法就是嚴以待己，所以你要求自己無論何時都不能鬆懈。然而，就像人們被嚴格對待時會感到痛苦，你的心也為此煎熬不已。請你為自己多保留一點同情心吧，當你善待遭遇挫敗的自己，你的心反而可能會感謝你，進而為你赴湯蹈火，在逆境中勇往直前！

天秤座：

你天生就是社交的好手，無論是天使還是惡魔，你都能與他們順暢無阻地溝通。這是因為你具有「感同身受」的能力，你能與他人的處境產生共鳴，也就是，你易受他人的影響。而這恰巧就是為什麼你的意志力偶爾會降低的原因。所以你必須要特別小心，可以反過來挑選擁有強大意志的朋友，讓他們來幫助你。

天蠍座：

就像橡皮筋失去彈性，你之所以會感到意志力疲乏，是因為你平日過度使用它。你過分克制內在欲望，使得精神力總是處於超載的狀態。在那之後，你就變得難以抗拒誘惑，一股腦地放縱自我，失去達成目標的力量。若想阻止事態持續失控，你可以想想這會為你帶來多大的羞恥感，以「榮譽心」換回堅定的精神力。

射手座：

當誘惑的惡魔再度來到你的面前，鼓動你即時行樂時，你不必勉強自己立刻趕走它。你可以請它多等五分鐘，等你手邊正在做的事告一段落再說。五分鐘過後，再請它多等五分鐘。你會發現，漸漸地你不再如此渴求與惡魔共舞。最後記得提醒自己：我真的要為眼前稍縱即逝的歡樂，而放棄未來更豐碩的果實嗎？

摩羯座：

你的體能經常跟不上你的意志力，時常過於勉強自己，無論是對生理或心理而言，這都不是好事。因此，首當其衝你應該增強自己的體力，並保有充足的睡眠，維持與親朋好友的良性互動。當你的精神世界被滿足，你才能要求自己的身體去配合你的意志力，繼續在曲折難行的修行大道上奔跑。

水瓶座：

你喜愛「獨善其身」，即便身處人群之中，也會盡量與大家保持距離，因為你覺得要維持良好的人際關係很麻煩。然而，你無法靠自己一個人鍛鍊戰勝挑戰的意志力，你必須讓他人幫助你。因為你的意志力會在你感到寂寞之時，降到最低點。勉勵自己走出心裡的高牆，別拒人於千里之外。

雙魚座：

你知道自己的意志力並不高，會任由自己沈浸在情緒中，就跟有癮頭的人一樣，你難以抗拒誘惑。所以你總是極力壓抑各種會使你難以自拔的思緒，結果越是壓抑，念頭卻越來越強大。請你正視自己的感受，觀察與接納它。並在負面想法湧上時，將注意力轉移到自己的呼吸吐納上，直到它消散。

Step 5

掌握吸引成功的磁石，迎接嶄新的自己

AIR MAIL

建築成就的材料，

貯存在你的生命裡，

你的「自我」是你最大的資本。

你未來的成功祕訣，

就鎖藏在你的神經與筋骨中，志願與決心裡。

一切全靠你的生理與精神狀態，

投入的體力與精神力的數量多寡。

所以請你心存光明的期待，

喚起埋藏已久的力量，

帶著信念去奮鬥。

屆時你將擁有心曠神怡的全新感受，

因為你早已不知不覺中脫胎換骨，

成為一個更美更好的自己！

身處天堂還是地獄，一切取決於你，

人的天性就是，你期待他成就卓越，他就會成為卓越的人。

——美國作家，約翰．史坦貝克

現在，我須再次界定「成功」一詞。此處，我並不僅指純粹的成果，而是指比這更難達成的成就，即如何使生活過得更有意義，更有效率。意指作為一個人，你在面對困難時，能自我控制、有條不紊，不被難題吞噬，而能提出解決之道。身處天堂還是地獄，就在你的一念之間。

預設你的大腦狀態

某個絢爛的夏日，我應朋友之邀前往威尼斯，他安排我搭乘火車前往。

那是我首次必須在火車上過夜，所以我難掩興奮之情。而且我一踏進那列火車，便認定那將是一趟愉快的旅程。因為門口的服務員已經帶著友善的微笑歡迎我。

「晚安！」他說，「你是不是準備馬上就寢？」

「當然是，」我說，「我恨不得馬上上床睡覺。」

當他帶我走進臥鋪車廂時，床已鋪好，床單和床罩鋪得很整齊並捲起來。臥車很乾淨，配有各式各樣的毛巾，車廂裡的溫度也調得剛剛好。「你真會管理臥車。」我稱讚他。他答謝之後，隨即離去。而我也在看了幾頁書後，沉沈睡去。第二天早上。當我進入餐車時，服務員看到我便愉悅地問道：「你昨晚睡得好嗎？」

「好極了！」我說道。

「我一點也不感到意外，我知道你一定會睡得很好。可是在你後面上車的那個人，差別就大了。一開始，他就說：『我想我今晚一定會睡不好。』然後，沒有一件事讓他滿意。他先是要把床挪到車廂中間；他不喜歡床的方位。一會兒嫌房間太冷，一會兒又嫌太熱。你現在知道你們之間的差別了嗎？你知道為什麼你可以睡得很好，而他卻睡不好嗎？」

「不知道。不過我對這問題很感興趣。」

「你能睡得好，是因為你已下定決心要睡個好覺。另一位客人，則是認為他會睡不好。很久以前，我便發現，乘客中只要是決心想睡好覺的人，就能睡得好。因為他們已準備好要睡個好覺了。」

多麼富有洞察力的話語，光是得知這句話，我的這趟旅程也已經很值得了。你可以預設你大腦的狀態。你可以決定睡好覺或失眠，當然，你也可以預先決定成功或失敗。換句話說，如果你一直希望這件事發生，它就會發生。此時此刻，也就是你正在讀這本書的時刻，你的狀態就是你的思想所長期塑造的產物。如果你的思想是消極、破壞性的，你正在為自己設定失敗。如果它們是積極而健康的，你可以預測你的成功。

有多大期望，就有多大的成就

一天，有位德高望重的牧師向班裡的學生鄭重其事地承諾：誰要是能背出《聖經．馬太福音》中第五章到第七章的全部內容，他就邀請誰去西雅圖的「太空針」高塔餐廳參加免費聚餐會。

《聖經．馬太福音》中第五章到第七章的全部內容有幾萬字，而且不押韻，要背誦其全文無疑有相當大的難度。儘管參加免費聚餐會是許多學生夢寐以求的事情，但是幾乎所有的人都淺嘗輒止，望而卻步。他們不再期望那個免費的聚餐會，而是花時間享受眼下的舒適。

幾天後，班上的其中一個男孩，胸有成竹地站在牧師面前，從頭到尾地按要求背誦下來，不僅一字不漏，到了最後簡直成為聲情並茂的朗誦。

牧師比任何人清楚，即便是成年人，能背誦這些篇幅也極為罕見，所以牧師在讚歎男孩那驚人記憶力的同時，不禁好奇地問：「你為什麼能背下這麼長的文字呢？」

男孩不假思索地回答道：「因為我竭盡全力。我非常期待那個免費的聚餐會。」

你的人生決定於你所做的決定，取決於你做事的態度。不管你現在的境遇怎樣，命運將從你決定竭盡全力去奮鬥的那一刻起開始改變。在生活中，並不是你註定不能達成你的心之所向，而是你從來沒有期待自己有一天能達成它。對於已達成者來說，他們不是想要成功，而是一定要成功。他們不是努力嘗試，而是竭盡全力獲得最好的結果。

站在巨人的肩膀上，你將看得更遠

在許多問題上我的說法跟前人大不相同，但是我的知識得歸功於他們，也得歸功於那些最先為這門學說開闢道路的人。

——波蘭數學家，尼古拉．哥白尼

美國哲學家喬治．桑塔耶納說：「最具智慧之人仍有需要學習的地方。」

善於向別人請教是聰明人選擇，因為他知道自己要完成的目標還缺乏哪些條件，並且懂得利用別人的知識和才幹來達到自己的目標，或是讓別人心甘情願地幫助他，如此一來，不管是什麼樣的難題都不會使他束手無策。

反觀只知獨自苦想，卻不知向他人請教的人，他們在不自覺間封閉了自己，同時也堵塞了自己的聰明泉源。

對於前者，我的提醒是：「謙虛使人進步。」

而對於後者，我則大聲疾呼：「切記閉鎖自己！」

善於向別人請教是聰明者的法寶

戰國時期的滕國還是小國時，身為太子的滕文公便已積極學習治國之道，所以他經常利用機會請教他人富民強國的方法，尤其當他聽說孟子在宋國講學時，還曾經前往請教，由於孟子是當時名望很高的儒學大師，因此文公親受他的教誨後，便增強許多將滕國治理成善國的信心。

直到滕文公嗣位成為君主後，他又禮聘孟子前來滕國講學指導，而在滕文公的虛心請教下，孟子也盡心盡力地為他出謀劃策，最後終於制定出滕國的治國方略。隨著新措施的實施，滕國的發展漸趨強盛，而周圍的諸侯國都稱讚文公為「賢君」、「行聖人之政」，甚至還有很多人舉家遷徙到滕國定居，對此，孟子感到十分欣慰，而滕文公的美名也傳播開來，進而千古流芳。

在這個世界上，人們並非是生而知之者，因此想要進入自己從未涉足過的領域時，除了應多方學習之外，還要善於向他人請教，如同滕文公向儒學大師孟子請教治國方略一樣；然而，「善於」這兩個字卻包含了許多意思，首先是要選對請教的對象，好比病人如果遇上庸醫，則很可能因為誤診而導致病情惡化，相反的，如果找對了好大夫，藥到病除的可能性就大大地提高；其次是要有虛心請教的態度；第三則是切中要害，這也就是說我們要對問題有大概的分析，才能知道解決問題的關鍵處何在，如此，請他人在關鍵處指點一二後，泰半的問題都可迎刃而解；第四就是要「以我為主，為我所用」，意即別人的建議再好，也必須符合我們自身的情況。

聰明的人不恥下問，也不畏上問，他們善於吸取別人的知識和長處，因此常常能跨越別人無法跨越的障礙，從而也使他們的聰明有取之不盡的泉源。

受尊敬之人才能了解尊敬的價值

當一個人受人尊敬時，才能了解尊敬的價值，因為當自己衷心了解自己的價值時，才會懂得去尊敬別人。而如果一個人驕傲自大，目中無人，想要別人尊敬他是不可能的。從尊敬自己開始，才能贏得別人的尊敬；當你自己努力承認自己的價值時，才能夠受人尊敬。

因此，你應該要有如下的想法：我能做的許多事，譬如在社會上生活的能力、賺取金錢的技術，或區別物品的智慧，以及對自己本身的價值感等，這些都是宇宙所賦予的。由於是宇宙所賦予的，所以即使成功，我也不能因此驕矜。

不焦急、不驕傲、不止息、不放棄，這就是成功之人的人生觀。

如果你以為單靠自己的力量便能形成自己，則你一定會驕傲，而驕傲就會自誇。一個喜歡自誇的人能向別人要求什麼呢？當一個人自誇時，在別人的眼裡就會顯得傲慢無禮，結果他的人際關係究竟會變好還是變壞呢？事實上，對方並不會肯定你的價值，就像你無法尊敬不尊敬你的人一樣。

因此，你必須互相尊敬對方，如果強迫自己配合對方的想法，或是強迫對方接受你的判斷，便會破壞人際關係。或許你會感到滿足，但對方會感到不自由，會覺得自己的價值受到忽視，結果就不肯協助你。

我的想法非常單純，那就是尊敬別人時也會受人尊敬。假如想變得有錢，那就要託別人幫你賺錢，同時也要去幫助別人，那麼你必定能成為很富裕的人。假如你想獲得一個人的愛，你應該告訴對方他是個值得被愛的人，以行動來表示愛別人，結果對方也會愛你。能夠大徹大悟到這點，則生命的歡樂與效率真不知要增進多少啊！

行成於思，遇事需沉著冷靜

一個人的心靈如果有條理、認真且嚴謹，他的能力也一定不錯且明智。相反的，當其中一方沉淪，另一方也會被玷污。

——古羅馬哲學家，塞內卡

沉著與冷靜也是智慧和才幹的組成部分，真正的智者是「靜如處子，動如脫兔」，只要在凡事採取行動前，能做到沉著與冷靜，你的行動就會比別人有效率得多，而所希望的結局也很少會落空，所以不論遇到何種突發事件，你都要能處變不驚、沉著應對。

行成於思，匆忙慌亂只會誤事，而冷靜和沉著能使你把握正確的方向，進而收到事半功倍的效果。

別讓才智消失於急躁之中

有一群年輕人在經過嚴格的求職篩選後，進入最後一關的考驗——一場計時十五分鐘卻有四十多道題目的筆試，通過考試的人，就可以進入這家全球著名的跨國公司工作。因此，許多人一拿到試卷後，隨即匆忙作答，全然不顧監考官「請務必先將試卷瀏覽一遍再行答題」的忠告。交卷後，總經理親到考場批閱試卷，只見他很快地翻過所有的試卷，不一會兒便從中挑出了五份。

這五份試卷有一個共同的特點，就是第一至第三十七題都沒有作答，只回答了最後三道題目，隨後，總經理宣布將要錄用那五位只答最後三題的年輕人。在眾人的驚訝與責問聲中，監考官說明了錄用的標準，原來秘密就藏在第三十七題之中，它的內容是：前面各題不用回答，只需答好最後三題即可。

事實證明總經理沒有看錯人，因為那五名年輕人後來的表現都非常優秀，特別是在風雲變幻宛如戰場的商場上，他們遇事從不慌張，總是能夠舉重若輕、冷靜分析問題，並且提出正確的應對措施。

想成為一個更好的人，光是擁有智慧與才幹是不夠的，沉著和冷靜也是必備的素質，所謂沉著就是鎮靜、不慌忙，而冷靜就是遇事不會感情用事，反而能認真思考、縝密分析，從而採取對自己最為有利的因應措施。

人的一生中難免會遇到許多難以預料的情況，此時，許多人的智慧和才幹就突然消失無蹤，也由於他們被急迫性的情況所擾亂，所以經常無法客觀觀察形勢，或是分析問題的癥結所在，而匆忙地採取行動，導致後續因應計畫千瘡百孔、不得要領，最終面臨失敗的結果。反之，做事沉著又冷靜的人，所得到的結果就完全不同了。

按部就班，終能抵達目的地

衡量成功的標準不在於你每天有多少進度，而是你實際上做了什麼能幫助你實現目標的事。

一份好的計畫，是明確列出步驟的說明書。計畫中的每一步驟都要標明日期，藉由這種方式，每過一段時間，你就可以清楚地知曉自己距離預定目標還有多遠。如此一來，你就擁有測量進度的標準。

每一天，我可以藉由做些什麼事，讓自己離目標更進？在我的看法中，這是促使計畫順利進行最重要的一個問題。

如果你想要編寫電影劇本，你可以規定自己每天一定要寫多少字或完成多少頁。如果你想要親手縫製一條被單，你必須定個目標，要求自己每天要做多少縫製工作。如果你想成為頂尖的業務員，你必須要求自己每天至少打幾通電話給客戶。如果你想成為電腦專家，你必須要求自己每天研究一些電腦方面的知識。

注意這個重要的區別：衡量成功的標準不在每天的產量，但達到成功的秘訣，卻是每天付出的努力及每天的訓練。

想一想，從你住的城市駕車到最近的一個大都市，需要多久的時間？如果主要的道路因為天災而關閉，你想會怎麼應對？你要前往那個都市的事實不變，整體的方向不變，但你的路徑可能會改變，所花費的時間也可能不一樣。

這個原理也可適用於你的計畫表。你可能沒有打到預定的數百通電話、沒有寫到計畫中的五百個字、沒有完成縫製的部位，或沒有讀到預定的閱讀進度。當你沒有完成設定的進度時，你第一個要問自己的問題是：我讓什麼事干擾我的進度？這是有意義的干擾嗎？

你可以說服自己，之所以沒有達到進度是有其正當原因，但是你終究還是要朝向目標進行。你可能會因為不可預測的狀況而受到阻礙，但只要你仍然朝既定的方向而去。你可以於第二天或過幾天加速進行，最後終究還是會走到目的地。

以耐心慢火燉煮，熱血才能長久

只有具耐心去使簡單的工作圓滿完成之人，才能夠輕而易舉地完成困難的事。

——德國劇作家，弗里德里希．席勒

我們生活的這樣的世界裡，只要有人存在的地方，爭吵就會存在，無時無刻都需要你以耐心應對。

在一個人成熟的過程中，總要經歷各種各樣的磨練，忍耐也是其中的一種。忍耐不是逆來順受，不是消極頹廢，也不是在沉默中悄然降下信念的風帆。忍耐是當一根火柴燃燒到一半的時候，接受另一半炙熱的煎熬。

經受別人的考驗、提升自身的承受力，你才會在萬頭攢動的人海中脫穎而出。學會忍耐，挺起堅強的背脊，用快樂和瀟灑清掃塵灰般的意志。

無論是低迷，抑或是高漲，你的人生都將壯美如畫。

培養慣性思維，強化持續力

你總是會有某些日子不想工作、不想做任何嘗試或付出最大的努力。這時，堅持的精神應該就要出現，你必須想起自己的目標，並告訴自己：「值得為這個目標努力，再試試看。」你必須相信，現在就放棄的確是太早了！

你會發現，堅持做某件事就可以形成這方面的習慣。如果你需要做某些事才能幫助你實現理想，你必須每天、每星期、每個月持續地做；也就是你必須將做這些事情當成習慣。

在培養一種習慣前，你的最初目標天數應訂為二十一天。許多報告指出，人們大約要花費三星期的時間才能培養起一種新的習慣。如果你能夠連續將一件事做滿二十一天，你繼續做這件事的機會就會提高，無論這件事是節食、戒煙、戒酒或保持運動。做你想做的事，並持續二十一天，然後探討這二十一天裡的狀況。

如果我連續二十一天都踩跑步機或走路運動，而第二十二天因故中斷，我會覺得不對勁，我會懷念走路的感覺。這並不是說，我在第二十一天時比在第一天時更享受走路的樂趣，而是走路這件事像是一份工作，慢慢成為根深蒂固的習慣，如果沒有走路，我就感到不對勁。

我想說的重點是，為了實現你的人生理想，你必須認清過程中有很多要做的事，而它可能一點都不有趣。你可能不喜歡這個過程裡的每一分鐘，因為你必須做倒垃圾、拖地板或設法打開一個死結這種無意義的瑣事。但是你必須要有一種決心，就是不斷地重複做這件事，直到它成為你的習慣為止。

沉住氣才能成大器

耐心是一把雙刃劍，當你用它對準那些折磨你的人、困擾你的事情時，往往會有所突破；而一旦你沒有足夠的力量握緊它，反而使得它對向自己的時候，煎熬痛苦，甚至是傷害就會接踵而來。

忍字頭上一把刀，這把刀讓你痛，也會讓你痛定思痛。這把刀，可以磨平你的銳氣，但也可以雕琢出你的勇氣。關鍵是看你如何把握。

忍耐是走向成熟的一個過程。要成就一件事情，須耐心觀察時機，急躁只會壞事。請你告訴自己：忍耐並非懦弱，只因我看得更遠，有更大的追求。

有個老木工在每次建完房子後，都會把別人廢棄不要的碎磚瓦撿回來，有時候走在路上，看見路邊有磚頭或石塊，他也會撿起來放在籃子裡帶回家。

久而久之，家裡的院子就多出了一堆亂七八糟的磚頭碎瓦。直到有一天，老木工在院子一角的小空地上開始左右測量、開溝挖槽並和泥砌牆，用那堆亂磚左拼右湊，建成一個讓全村人都羨慕的房舍。

老木工對兒子說道：「一塊磚沒有用，一堆磚也沒有用，如果你心中沒有一個造房子的夢想，天下所有的磚頭都只是一堆廢物；如果只有造房子的夢想，而沒有磚頭，夢想也沒法實現。」所以你要不急不躁，學會忍耐，要積攢足夠的磚頭來造心中的房子。

或許你仍嚮往一帆風順，可是面對曲折的現實人生，所謂的一帆風順只能是心靈的一種慰藉。唯有奮鬥不息才能夠成為命運的主人，而在這一步步的努力中，你必須學會忍耐。

以壓力激發潛力，迎接脫胎換骨的人生

如果你只做平凡小事、妥協於沒有發揮潛力的人生，是無法找到自己的激情。

——前南非總統，納爾遜·曼德拉

拿破侖談到他的一員大將安德烈·馬賽納時說道：「平時他的真面目不會顯露出來，但是看到軍士的屍體堆積如山時，他會像魔鬼一般奮起殺敵。」

人類本就天性懶惰，需有動力才肯努力做事。而動力的強弱，往往可以決定其努力的結果。

當強大的動力、異常的變故、重大的責任壓上一個人的肩膀時，隱藏在他生命最內層的種種能力往往會突然湧現出來，促使他無堅不摧地做出大事。

人們總是不明白自己的「生命產業」有多豐富，並擱置大部分的「生命產業」，一輩子沒有發現利用它。這真是可惜的一件事呀！

積極競爭，然後存活下來

挪威人酷愛食用沙丁魚，當地的漁夫在海上捕獲沙丁魚後，如果能讓牠們活著抵達港口，賣價將比死魚高上好幾倍。但由於沙丁魚生性不愛活動，返航的路途又長，因此沙丁魚往往一到碼頭就已陣亡，即使有些沙丁魚還活著，卻也是奄奄一息。

然而奇怪的是，有一位漁民的沙丁魚卻總是活跳生猛。該漁民一直嚴守秘密，直到他死後，人們打開他的魚槽才發現裡頭不過是多了一條鯰魚。

原來當鯰魚一進入魚槽後四處遊動，發現異己分子的沙丁魚後就會緊張起來，想方設法逃竄，所以沙丁魚才能活著回到港口。

只有在壓力和挑戰下，人才不會鬆懈，才不會在安逸中走向滅亡；也只有在壓力和挑戰下，人才能居安思危，不停地奮鬥以立足於這個社會而不被淘汰；也只有這樣，人們才能充滿活力，整個人類社會才能青春永駐。

永遠別說你沒有時間

想要有所成就，你就應合理安排自己的時間，盡己所能地去提高時間的使用率。

曾經有人說過：「成功與失敗的分水嶺，可以用五個字來表達——我沒有時間。」

漢密爾頓是花樣溜冰運動員，他的母親原本只是一名普通的中學教師，但她十分珍惜時間，充分抓住每一分鐘刻苦自學，後來終於成為大學的副教授。她經常對漢密爾頓說：「你的生命是由『分鐘』堆積起來，而且數量是有限的。從你出生的那一天開始，你就只有這麼多的時間去生活，因此，你必須好好利用每一分鐘。」

由於受到母親的影響，漢密爾頓也十分珍惜時間，抓緊每一分鐘訓練。他辛勤的汗水，終於換來了豐厚的回報，得以於日後四度蟬聯世界冠軍。

所以，請你盡可能地把時間的價值發揮至最大。人類的巨大潛力，有待你去開發，但而潛力的發揮，很大程度上取決於你是否懂得善用時間。

無論你的年華還剩多少，一旦你認知到時間的寶貴，你才是真正地體驗到生命。

就在流星般的一瞬間，惜時敬業的人使生命如日月生輝。在確立明確的目標後，用積極的態度去努力，抓緊每一天的分分秒秒，你每天都將有所收穫，每天都在前進，你有限的生命將結出更加豐碩的果實。

尋找他人最好的一面

欣賞是一件很棒的事；它讓別人的優點也成為我們自己的優點。

——法國思想家，伏爾泰

你要尋找別人最好的一面，並向他們學習。尋找那些在這世上表現傑出的人，觀察他們的行為，傾聽他們的言語，並盡量多和他們交往學習。

勢利者普遍會用「勢」去衡量世界的價值，對勢力者來說，最不幸的就是這個世界永遠處在變化之中。比方說，曾被自己奉承的主管即將離職，那麼對方也就失去價值，於是勢利者出於勢利的本能，便會立即跟隨在新主管的身後，可是這種如同蒼蠅般尋找新得勢者的行為，只會讓新主管因其勢利的人格特點而與之保持距離，結果即使費盡心機地趨勢逐利，也只不過是換來被人唾棄的下場。

太計較得失的人總是試圖以最小的投資得

到最大的收益，而一旦投機失敗，將可能導致整個人生的失敗。

切勿擅自衡量一個人的價值

有時，我們可能不是因為勢利，而僅是稍微疏忽了他人，但就有可能替日後種下後悔的種子。

華裔發明家王安，曾經在事業最繁盛的時候，接見過一名蘋果電腦公司的市場調查員，由於他當時並沒有把對方放在眼裡，因此留給對方一個絲毫不尊重他人的惡劣印象。後來，王安的公司因為過度擴張而陷入危機，在殘酷的市場競爭中，這正是許多競爭者，特別是他的老對手——IBM公司所樂見的情況。

王安當時極需要一位能夠對他伸出援手，並且與他合作的夥伴，於是他向微軟公司的比爾蓋茲發出求救信號，他對蓋茲說：「你跟IBM也有矛盾。」然而，蓋茲卻回答道：「說是沒錯，但是IBM已經是電腦界中的一個巨人，所以我現在還需要它的庇蔭。」至於蘋果公司呢？當年王安曾經接見的那位市場調查員，已經成為該公司的首席執行長，可想而知，他對王安將會採取何種態度，結果王安便在得不到任何援助的情況下，無奈地在眾人的旁觀中宣告破產。

其實，勢力也是一種趨利避害的想法，因為世上事物的價值，對於每個人來說都不同，如同我們會將珍貴的雨花石妥善保存，但卻不會拾回路邊的普通石頭。相同的，生活中的每個人對我們來說，也具有不同的價值，然而過分勢利卻是一種病態，因為它將使我們遠離真誠的友愛與應有的奉獻，從而使我們變得斤斤計較、唯恐吃虧受騙。

做一個正直的人

正直就是無論你在任何時候、任何情況下，和什麼人在一起，都忠於自己的言行、堅守自己的信仰及價值觀。如果你不正直，最終將失去一切，因為，別人無法相信你，不願和你一起工作，或跟你進行交易。如果有很多人不願意和你共事，你的事業終將會失敗，無論什麼事業，結果都將一樣。

一個正直的人會在適當的時機做該做的事，即使那意味著沒有人看到或知道。亞伯拉罕・林肯曾說道：「正直並不是為了做該做的事而有的態度，正直是使人快速成功的有效方法。」

正直誠實、堅持負責——這些都是使一個人成功的特質。而我認為這些也是你人生中最值得追求的目標。

你覺得自己是這樣一個人嗎？對我來說，「做一個正直的人」應該是每個人首先要實現的目標。

每個人都想得到你最好的禮遇。你遇到的每個人都希望當你們談話時，他是你心中唯一的對象。無論你一天內要和多少人相處，對他都不重要，他只在乎你和他在一起時，你是如何與他相處的。關於正直有一點很重要，不論對方是誰，你都必須要全心全意相待。

你要養成一個習慣：對你所遇見的每一個人，你都要給與他們最多的敬意及關懷。同時，你要尋找別人最好的一面，並向他們學習。尋找那些在這世上表現傑出的人，觀察他們的行為，傾聽他們的言語，並盡量多和他們交往學習。

永遠要誠實地與人相處，不要誇大，因為這是一種欺騙；不要閃躲，因為這是一種虛偽；不要承諾任何你做不到的事情，因為那只是狂妄之語。

卯盡全力去生活

如果一個人朝他的夢想有自信的前進，並盡力過他所想像的生活，他將會在平凡的時辰與成功不期而遇。

——美國哲學家，亨利．大衛．梭羅

假如你不能身強體壯地工作，假如你在工作上，只能釋放出一小部份的能量來，則你必然只能實現極小部分的成功。

成功的大小，不在於你在銀行中存了多少錢，而在於你在生命中擁有多少資本，以及你怎樣去使用那些資本；在於你在事業上能釋放出多少能量。一個因營養不良而衰弱，或因生活不謹慎而精力受損的人，較之一個各種器官、各種機能都健全精壯的人，其成功的機會真是微乎其微。

你必須視任何方式的精力耗損、每一絲的精力損失，為一種不可寬恕的浪費，甚至是一種不可寬恕的罪惡或犯罪行為。

請你問自己：我是否問心無愧？

保持身心旺盛，使其適宜工作，你在工作時，才能自動自發，而不至於感受到勉強或痛苦。假如你精力旺盛，那麼你的容貌，你的毛孔都彷彿能射出力量。精力旺盛、生氣蓬勃的人，一小時工作的成績，往往要超過精力衰弱的人一整天工作的成績。

許多人在工作之餘所耗費的精力，比在工作時間所耗費的更多，假如有人這樣告訴他們，他們或許要吃驚甚至生氣。他們以為只有肉體上的傷害才能摧殘精力。其實可以摧殘精力的方式何止百種。煩悶、恐懼、忿怒，以及其他種種不良的思想與情感，都足以摧殘活力。

有大量的生命資本、大量的體力與精神力，卻不知善加利用以得獲成功，這有什麼用處呢？

你是否問心無愧地活著，如果不是，那你的生命中就有了弱點，而這弱點足以破壞阻礙你的全部事業與前程。這個弱點，會使你一生過著悲愁悔恨的日子。各種不檢的行為、錯誤的行為，都足以讓你的生命資本產生漏洞。

因為「宇宙」是無情不仁的。假如你破壞它的自然法則，縱然是一個君主也得受罰。國王和乞丐並無二異，在宇宙面前人人平等，所以你不能將「脆弱」和「困難」當成失敗的托詞。你應該使自己常保強壯，經常使出自己全部的力量。

關鍵在於你的熱情

生活不能缺乏熱情，因為快樂就是由熱情點燃。你問熱情之火該向何處找？其實它就在你的心底，只要你將它點燃，你的狀態就會有很大的轉變。

當你為了一件事而全身心投入進去的時候，不管最後的取得的結果是否讓你滿意，那份專注的熱情都會持久地溫暖你的心，使你擁有燃燒著的快樂和付出後的滿足。

真正懂得享受人生的人，即使在生活平淡如水時也能發現激情的所在，他們會調整自己，他們能讓平靜的水面泛起漣漪，他們會時時刻刻讓自己保持對生活、對人生的熱情和信心。所以他們的熱情一直很飽滿，思考力與創造力一直很旺盛。

如果現在有兩個具有完全相同才能的人，那麼必定是更具熱情的那人能取得更大的成就。

你應該常常這樣提醒自己：我要讓自己永保熱情。

一壺水若是沒有持續燒滾，它就沒辦法保持高溫，如果你想讓自己的生活充滿歡笑，隨時處於「沸騰的狀態」，保持熱情就是你必須要做的事。我知道你本身即具有決心與意志，但熱情將促使你的決心更堅定，使你的意志更堅強。

它是生命的柴火，使你的靈魂熊熊燃燒，促使你不斷行動，直到你把不好的現實變得更美好。倘若有人對你的熱情冷嘲熱諷，並以憐憫輕視的口吻稱你為狂熱分子，請你不要畏懼、不要動氣，那放任他那麼做吧，因為可悲可笑的人是他，因為他不知道如何去生活。

當你覺得某件事情值得自己的付出，就立刻去做，卯盡全力地去做。請用你的一切去換取自己的滿腔的熱情！

一加一的力量無限大

每個人，無論多有智慧，在生活的事務上都需要明理朋友的建言。

——古羅馬劇作家，普勞圖斯

許多剛進職場的年輕人，仗著聰明才智，總覺得「實力決定一切」，怎樣對人不重要，隨之產生驕傲輕浮的心理。對於不如自己的人，不是當面嗤之以鼻，就是在背後抱怨。因為做事的目標明確，短期即可見真章，投入與回饋十分直接。反之，做人得面對「一樣米養百樣人」，不同角色的適應與考驗。

一個人要想成功，不僅僅是外因的問題，更取決於你的內因，正所謂「做事先做人」。也就是說，做事關係一事成敗，做人牽繫一生成敗。

朋友是金

卡內基從一個推銷員一躍而成為世界聞名

的成人教育家，期間的辛酸與痛苦無法盡數，而在這當中，他個人的努力當然是取得成功的重要因素，但是許多出現在他生命中的朋友，也在他成功的道路上，發揮了不可估量的影響力。

赫蒙．克洛伊是卡內基的同鄉，他雖然比卡內基先到紐約，但是卻選擇了不同的工作，他在《聖約瑟報》等報社擔任記者，而他是一個善於交際的人，因此他的朋友不乏作家、藝術家、企業家，以及一些高層人物，等到卡內基到達紐約後，兩人因一個偶然的機會而相遇，於是此後，他們便經常會面，並且交流彼此在紐約的奮鬥經歷。

由於克洛伊是麥可道格勒街自由俱樂部裡的中心人物，因此時常與俱樂部內思想活躍、見解獨特的人士聚會，而克洛伊也常常邀約卡內基一起參加俱樂部裡每周一次的聚會活動，所以，卡內基也因此而接觸到許多口才出眾的演說家與辯論家，長期下來，卡內基的口才獲得大幅的提升，而這也為他日後成為演講大師奠定了堅實的基礎。

從某種意義上來說，朋友也是一種財富，他可以幫助你走上仕途，也可以使你擁有百萬家財，更可以使你舒暢、益壽延年；美國科研人員針對將近三千人進行了一項為期十四年的研究，它是在觀察社會關係對死亡率的影響，結果他們發現經常和別人共處有助於延年益壽，而孤獨寂寞與缺少社會關係的人，要比前者的死亡率高出二點五倍，另外《美國醫學協會雜誌》發表的兩個調查報告中也發現，如果患有心臟病的人沒有配偶、知心朋友和家庭，他們便可能在五年內因發生心力衰竭而死亡，對此，研究人員更明確地指出，人們參加社會活動能增進健康，而幫助別人所得到的感激、喜愛，以及由此產生的溫暖，將有助於免除精神緊張，甚至於提高免疫系統的能力。

個人的資源畢竟有限

從前，有兩個飢餓的人同時得到上帝的恩賜：一根魚竿和一簍鮮活碩大的魚，其中一人要了一簍魚，另一人則是選擇了魚竿，而此二人得到上帝的賜品後，便各自分道揚鑣。得到魚的人走沒幾步後，開始用樹枝升火煮魚，由於他過於飢餓，因此沒多久後就將魚湯一掃而空，但是過沒幾天，他卻因再也得不到新鮮的食物而餓死在空魚簍旁。而另一人則是一步步艱難地往海邊走去，準備用於竿釣魚自救，可是當他看見遠處的蔚藍海水時，他渾身的力氣也已用盡，結果只能帶著遺憾撒手人寰。

上帝得知結果後，只能搖頭嘆息，但是仍決定再給其他人機會，於是後來又有兩個飢餓的人得到同樣的恩賜，這次，他們並沒有各奔東西，而是商定互相合作並一起前往海邊；一路上，他們飢餓時就煮一條魚來充飢，好能以有限的食物維持遙遠的路程，終於，再他們經過艱苦的跋涉，並在吃光最後一條魚時，他們到達了海邊，從此兩人便開始過著捕魚維生的日子。

幾年後，他們在海邊蓋起了房子，也各自擁有了家庭，以及自行建造的漁船，許久之後，他們倆人居住的海邊竟然發展成一個村落，而村人們都繼承了這兩位創業者所留下的傳統，也就是互相合作與幫助，進而使漁村呈現一片欣欣向榮的景象，結果當上帝看到這一幕時，也不禁欣慰地笑了。

不論在哪一個專業領域中，想要單憑一人的力量達到事業的頂峰，幾乎是不可能的事情，而要得到別人幫助的最好辦法，就是先幫助別人，當你試著鼓勵並協助他人求取事業的成就時，大部分的人也會在你需要協助時住你一臂之力，因此唯有不吝惜地對他人伸出援手，你才會得到相等的回報。

團隊合作勝過單打獨鬥，而整體配合又勝過個人技巧；團隊合作就是「一群人共同努力，以達到一致性的目標」，如果缺少群體的支持，沒有任何隊伍可以長存，好比棒球隊員都明白一個人不可能在每場比賽中都是明星，而每一場的勝利卻需要大家一起努力爭取，甚至只有隊員在任何狀況下都竭盡全力，才能使每位隊員都是勝利的贏家！

不管你多麼富有，你所擁有的資源畢竟有限；但如果你善於與人合作，並且懂得截長補短，那麼你將會發現「一加一」的結果常常是大於二的。

放下我執，幸福自然來到

刀鞘保護刀的鋒利，並且滿足於自己的遲鈍。

——印度詩人，羅賓德拉納特．泰戈爾

東京是綠意盎然的城市，但是當初栽植這些樹木的人，是否看到後來綠綠意盎然的景象呢？或許沒有看到，或許自己沒有享受到，但當初若沒有人去計畫、去實行，就不可能會有這些綠蔭。

以寬容之心對待他人

北宋時期的文人呂蒙正家境貧寒，但因為他勤奮好學，最終後來考中狀元，官至宰相。

一日，呂蒙正準備上朝的時候，聽見一位大臣指著他，悄聲說道：「這傢伙究竟有什麼能耐，憑什麼能當宰相？」

聞聽此言的呂蒙正並沒有什麼表示，只是裝作沒聽見。但和他一起上朝的幾個大臣可就不服氣了，各個都想過去和口出惡言的那個大臣理論一番。

呂蒙正趕緊擺手制止他們。

他們不明所以地問道：「呂大人，您明明就具備治理國家的才學，難道就任憑那傢伙如此毀謗你嗎？」

呂蒙正不慌不忙地說：「大人此言差矣。對方這樣批評我，對我又有什麼損失呢？如果我將他懷恨在心，只是擾亂我自己內心的寧靜。而且就算是懲罰了他，對我又有什麼益處呢？對方也可能只是一時誤會了我，才會這麼說，我又何必與他一般計較呢？我只要做好好宰相之職，為國家效力，這樣的言論自然也就不消自滅了。」

此事傳開以後，所有人都佩服呂蒙正的肚量，對他讚歎不已。

日常生活裡，必定會經常產生摩擦或誤會，因為你不是我肚子裡的蛔蟲，我也不是你肚子裡的蛔蟲，我們無法真正了解對方心裡在想什麼，或是完全理解對方的思考邏輯。所以，如果你輕易地為事動怒，做人有仇必報，那麼煩心的事只會越來越多。

面對別人的惡語中傷，你只要記住：「事實勝於雄辯。」對於一時的流言蜚語，你無需斤斤計較，只要踏踏實實地做好自己的事，就是最簡單且最有效的解決之道。

擁有一顆寬容之心，不僅能使你化解許多不必要的矛盾，與世人和平相處，往往還能收穫更多的信任和情意，使你的生命綠意盎然，生機蓬勃！

付出是一種幸福

有時候你不經意的付出，將會帶給一個人帶來終生的影響。

人們總是說：「有付出才有回報。」你希望別人怎樣對你，那麼你首先就應該那樣對待他人。但人心都存有自私，我們總是苛求別人的幫助、給予，卻很少能主動想到自己應該無私地多付出一些。

一日，有一個男人在登山時遇到暴風雪，不幸迷失方向，由於他的穿著跟裝備無法充分禦寒，所以他的手腳逐漸僵硬。碰巧的是，當他在尋找避寒之處時，發現也有一個人因為過度寒冷而倒地不起。於是，他立刻走到那個人的身邊，並且脫下手套開始幫他按摩手腳，直到那人逐漸恢復意識後，兩個人才一起合力去找尋避寒之地。

後來，這個男人說，當他救助那人的同時，其實也救了他自己，因為自己那原本僵硬麻木的肢體，在為對方按摩的時候，竟然也恢復了知覺，所以他們才能夠一同度過最艱難的時期，甚至在山難事件之後成為感情深厚的至交。

付出總有回報，只是很多時候，回報是不期而至。在生活的道路上，在工作中，我們難免會遇到困難和挫折，在此種情況下，我們需要別人的關心、愛護和幫助。這種關心和愛護既能夠使我們得到安慰，又能夠為我們增添克服困難、繼續前進的勇氣。所以，生活中的每一個人，都應有關心、愛護別人的意識。在你看來，可能只是微不足道的一點幫助、一點關懷，但卻會產生極大的作用。

人生歡喜的源泉來自於我們奉獻自己的能力，並且與他人分享自己的希望和快樂，當我們回顧自己的人生時，也會發現某些令人難忘的歡樂時刻，就是在我們為他人付出，並且不求任何回報的時候。

在一般的觀念中，我們受人恩惠自然應當予以感謝；當我們幫助他人，理應也該得到對方最基本的感謝。但是，當我們心中保持著一種「付出就要有所回報」的想法時，行善的真正含義便會遭受到扭曲。其實，行善積德之時，我們應該換一個角度去思考——那些接受我們幫助的人，才是我們應該感謝的人，我們要感謝他們讓我們有機會行善，感謝他們讓我們能夠得到善緣，並且感謝他們讓我們做好事積德。

有一天，一個家境貧困的小男孩上街推銷雜誌，以便籌措他下一個學期的學費。但是經過一整天的努力，他卻連一本雜誌都沒有推銷出去，對此，他感到十分失望與沮喪，雖然他的身心疲憊不堪，可是他仍然告訴自己不能夠放棄，一定要再試試看，因為只要能夠推銷出一本雜誌，他就能夠保住工作。雖然他是這麼想，但若真沒有人願意購買，那麼他只好再另尋其他的工作，倘若他來不及賺到足夠的學費，那麼他也不得不接受休學的命運。

小男孩來到一幢房屋前，抱著最後一絲希望按下門鈴。前來開門的是一位年輕婦人。年輕婦人微笑著問道：「小朋友，你有什麼事嗎？」

小男孩緊張地說道：「您好，我想請問您能不能買下這本雜誌？」

婦人愣了一下，隨即說道：「你進來吧！讓我看看那是什麼雜誌。」

年輕婦人跟小男孩聊過天後，大概知道他的情況，因此她花了一點小錢，買下一本雜誌，並且請小男孩吃頓大餐。然後，小男孩滿懷感激地離開了年輕婦人的住所，重新燃起對生活的希望與鬥志。

多年以後，小男孩成為一名家喻戶曉的醫生。有一天，在他服務的醫院裡住進一位患重病的女人，當他在替這位老婦人診療病情時，忽然湧起一種似曾相識的感覺。雖然這位女病人看起來有些蒼老，也十分虛弱和憔悴，但是他確信對方就是當年曾經幫助過自己的那位女士。

正當女病人躺在床上，煩憂自己的疾病將會花光所有積蓄時，護士遞給她一張醫療帳單。她顫抖地接過來一看，驚訝到說不出話來。因為帳單上面寫著：「親愛的女士，您的醫療費用僅需一本雜誌，加上一頓晚餐。」

有時候你不經意的付出，將會帶給一個人終生的影響。所以當你不為行善尋找條件與藉口時，你最終還是能夠得到一份珍貴的回禮。事實上，在施恩與受惠之間，原本就是互動的，所以我們無法清楚分辨誰是施恩者，誰又是受惠者。

換而言之，施恩者與受惠者的處境跟地位，有時會因為時間和地點的不同而有所置換，但真正重要的是，施者不該以自己的施恩而恃強，受惠者也不應該因為接受了他人的恩惠而矯揉造作，當雙方均是打從心底裡面去感謝對方時，就能夠在心意互動之餘，促使善意在世界不停循環。

多觀察成功者的態度

你的人生主要不是取決於生活帶給你什麼，而是你帶何種態度至生活裡；不是你遭遇了什麼，而是你怎麼看待所遭遇的事。

——黎巴嫩詩人，哈里利．紀伯倫

當有人對我嚴加批判時，我便會想，有些人以這種態度看我，這是我過去未曾注意到的事，今後應該加從注意，於是我要感謝他。

現在的你並不是昨日的你。人類有生理的一面，同時也有物理的一面。人的細胞日日在誕生改變，沐浴時會洗出身上的污垢，這表示皮膚在進行新陳代謝，也就是皮膚不斷地在換新，昨日細胞的數目和今日細胞的數目不同。

有新的事物加入今日的你，構成了新的形象，只是我們沒有發覺而已。你昨日曾經呼吸過空氣，但是昨日的空氣並非今日的空氣，人人都在呼吸今日的新空氣。因此我們不必去計較過去或從前，我們是為了準備明日的生活而活在今日，並非為了昨日的生活而活在今日。

感謝折磨你的人

目前你需要承認現在的自己，首先請你承認自己是個消極型的人。以疾病為例，身體變弱時會患小病，不會罹患嚴重的疾病，若懼怕會查出癌症而不願接受治療，反而會延誤時機而導致死亡。有些頑固的人實際上有病卻不肯承認，這種人最危險，其實承認有病並不可恥。要想提升自我，就要自我詳加分析，現在的你是消極型的人還是積極型的人呢？你現在是感到幸福，還是感到不幸？你對現在的工作是感到有意義還是無意義？你想維持目前的人生還是想加以改變？再縮小範圍來審視自己，在你的人生中，今日只有一次，今日是星期幾呢？這星期幾每個禮拜都有，今日是幾號呢？

每個月也都會有相同的日期，然而如果以一九八八年某月某日為例，這便會是只出現一次的日子。你可以把這一天以輕率、不幸、失意及無精打采的態度打發掉，也可以用積極的可能思考，以開朗、幸福、快樂。充滿希望、有愛及信仰的態度來生活。這選擇的權利完全在於你。請問，你希望對今天採取哪一種態度？

譬如說，有人向你挑戰，要和你打架，你會採取何種態度？

你是否會說：「好，我就陪你玩玩——」而捲起衣袖接受挑戰。

我不接受打架的挑戰，目前我已經有足夠的打架能力，因此我不需要；雖然別人有挑戰的自由，而我卻也可以不接受，也就是說，是否接受挑戰的選擇權在於我。像這樣，就有以上兩種態度。

然而還有更重要的事，那就是感謝的態度，即使對向我挑戰的人也應表示感謝。因為看到那人會令我覺得我很幸運，我的個性不像對方，此人可以之為鏡為戒。

當有人對我嚴加批判時，我便會想，有些人以這種態度看我，這是我過去未曾注意到的事，今後應該加以注意，於是我要感謝他。

我們都有兩種朋友，一種是遇到經濟困難時會協助我們的人，或在意氣消沉時會給我們勇氣、安慰、教導我們、愛護我們的人，這些朋友便是第一種人。

假如沒有這種朋友，人生會非常艱苦，非常寂寞。但是世上的事總有正負兩面。如果你的朋友全是這種類型，你將會變成廢物。茶來伸手，飯來張口，替你穿衣或脫衣，樣樣有人替你服務，結果你會成為了個無用之人。

因此神便創造了另一種朋友，他會刺激你，會責備你，會阻撓你，會非難你。有了這種朋友，你才會發覺過去未曾發覺的事。這些朋友會提醒你不應該維持現狀，應該變得更堅強，應該具備更強大的精神力，應該具備交友的技術，應該更會管理金錢，應該改善人際關係等，因此也須感謝這種朋友。不論是益友、諫友，均應常懷感激。

請你把今天感謝之事予以列表記錄，請你寫下感謝的日記，有記錄的人生都會成功。因此，即使受人辱罵也應一笑置之，不要向對方發怒，不受環境影響，相反，能創造環境的人會得到快樂，因為這表示他愛自己。

雖然我和偉人交往，但是當我在研究他們時，便會發覺成功的秘訣是在創造事物。因為觀察別人的態度所獲得的啟示很多，因此你也要多觀察成功者的態度。

用好態度去遇見好運氣

二次世界大戰期間，一位家住英國的婦女跟隨她的軍官丈夫駐防在埃及，由於軍營的生活條件很差，因此丈夫原本不想讓自己的妻子跟著他一起吃苦，但是妻子堅持要和丈夫在一起；他們倆人居住的木屋一整天都悶熱難當，甚至連涼爽點的地方，氣溫也高達四十度以上，而且挾帶著沙土的狂風也總是呼呼地吹個不停，加上軍營內並沒有太多軍官的眷屬，周圍住的又全是不懂英語的當地土著，因此這樣的日子實在難熬。

戰爭關頭，丈夫經常要出門執行各種任務，雖然每回的任務都無生命之憂，妻子大可不必太過擔心，但一個人在家的她難免感到寂寞，後來，她寫信給遠在英國的父親，藉以傾訴心事，而信中多少流露出想要回家的意思，不久後，她便收到回信，信中有段話：「有兩名囚犯從監獄內眺望窗外，其中一人看到的是高牆，另一人看到的則是月亮和星星。」

妻子看了看父親的回信後，決心要振作起精神，於是她便走出屋外和鄰近的土著們交朋友，並且請他們教她如何烹飪當地的食物，以及如何用泥土製作陶器；剛開始時，大家彼此之間還覺得有些陌生，但是當土著們了解到她真的對這一切有興趣時，他們便熱情地接受她，漸漸地，妻子也為當地的風土人情著迷，不僅如此，她還研究起曾讓她無比厭煩的沙漠，結果，她開始認為沙漠是個神奇又迷人的地方，甚至她還經常請土著們帶她深入沙漠深處，或是聆聽當地人講述沙漠的特點，而她也將對於沙漠的相關知識全寫盡了自己的日記本中，最後，她的生活因這一切而變得充實又忙碌。

等到二次世界大戰結束後，妻子隨著丈夫回到了英國，幾年後，由於人們在中東、非洲的沙漠地區不斷發現石油，因此對沙漠的興趣大增，而妻子也因過往的知識而成為英國知名的沙漠專家，幾十年後，當記者問起她事業成功的經驗時，她說起自己那時看到父親來信的往事，她說：「我父親教會我對於生活該有的態度，而這種態度是我事業的泉源，也使我終身受用。」

良好的思維方式可以讓人擁有正確的處事態度，而這種態度正是個人事業成功的關鍵，如果你帶著積極的期望，你就會表現得決斷英明且附有創造性。但如果你抱持的是消極心態，那麼當你在處理問題時，你就會表現得欲振乏力、軟弱、缺少突破，因為你的情感非常脆弱且缺乏安全感，而這也就是說你應該確定你所希望擁有的是何種態度，儘管態度決定一個人發揮潛力的程度，但只有將態度付諸行動後，此點才會加以實現。

從現在開始，你就可以下定決心地將轉變態度視為你一生的工作，好比你是一個園丁，儘管每年都很努力地工作，但是花園中仍然會滋生雜草，即使如此，你還是會將雜草拔去，因為你知道如果不拔除他們，來年這些雜少就會大量繁殖，並且排擠花園中的其他植被，同樣的，我們應該經常剔除錯誤的態度，並且為正確的態度保留成長空間。

12星座救生繩：你距離成功還有多遠？

牡羊座：

你的情緒阻擋在你跟成功之間，你時常任由自己的情緒壞事，浪費了自己發揮才能的空間。例如：一時激動而與人發生摩擦，導致無人願意與你合作。所以控制自己的情緒是你的首要課題，你可以藉由將精力集中在解決問題，來轉移即將發作的情緒。如此一來，你不僅能培養自己分析問題的能力，更將成就宏觀的眼界。

金牛座：

你之所以還未到達成功這個目的地，是因為你在路途中花費太多時間鑽牛角尖，常常因為堅持己見而錯過更順暢的道路。偶爾跳脫自己的思維吧，適時地提醒自己做事不必過於拘謹且不知變通，添加點創意又何妨？一點點的刺激不至於犧牲你的安逸，但絕對能為你帶來全新的經驗與感受！

雙子座：

你的應變能力與敏捷思維一直是你邁向成功的一大利器。然而，在與人交往中，你要注意自己是否出現油嘴滑舌的情形。雖然你的口才能讓你吸引眾人的目光，但它也可能會帶給他人浮誇之感，從而影響你的仕途。偶爾遠離人群，獨自去探索與觀察世界，沈澱自己躁動的心靈，屆時你會發現自己已經成熟許多，做事更沈穩！

巨蟹座：

因為你思慮周全，所以成功的機會始終環繞著你，然而你卻從沒主動掌握它。雖說保護自己是你的本能，但是如果過度擔憂失敗而不敢冒險，你永遠只是一朵嬌小的花朵，而沒有花開遍地的能力。你可以透過建立無數個小成功，來重拾自己的信心，因為縮短成功距離的關鍵，就在於你是否採取行動。

獅子座：

你簡直具備所有成功的要件，既有才華，又有信心，更不缺毅力。但為什麼你離成功始終那麼遠？原因就在於你的眼裡幾乎只看得見自己，你為自己著想，你為自己所思，這種隱藏的自負心態讓你常常與成功失之交臂，悔之莫及。其實只要稍微調整你的思考，將他人納入你的世界，人們將會帶來超乎你想像的回饋！

處女座：

無論是講求技術的工作，或是必須著重鑽研的學問，你都可以取得令人生羨的成就。但是之所以遲遲無所收獲，在於你對理想的想望使得你處處挑刺，因為頻繁地改變工作環境，所以你的經驗也無從累積起。失去紮實的基礎做後盾，自然無法爬向成功。你僅需記住一個原則：處事時，大處著眼，小處著手。

天秤座：

你圓滑的交際能力，令你在生活中如魚得水，在危難中進退自如。但這只能歸功於你與生俱來的觀察與應對力，你能夠看出他人的想法，並且展現合宜得體的談吐。因為在你心中有一條很明顯的界線，就是你不會實際付出情感。然而若是你願意跨越這條界線，多付出一點發自內心的關懷，你將為自己打開通往成功的康莊大道！

天蠍座：

敏銳的判斷力是你的致勝關鍵，它助你一路過關斬將，得以在生命中獨當一面。然而成大事者不會將所有的事承攬在自己的身上，那不僅不符合效率，疲憊也會拖垮你的身心。若想要取得成功，你必須提升自己指揮調度的能力，學會適時地放手，讓人們為你所用，讓周遭的人幫助你！

射手座：

你善於豐富自己的學歷、資歷與能力，讓人們知道你的資質雄厚，絕對值得投資。所以，無論你身處何處，都能快速地從谷底爬上成就高峰。若是成功沒有來到，並非它沒有找上你，而是你親手將之拋棄。因為你的樂觀精神，使你過於小看自己遇到的問題，而來不及在它造成任何無法挽回的傷害時阻止它。

摩羯座：

你懂得埋頭苦幹，所以你擁有無庸置疑的扎實基礎，並且能夠頑強地與這個世界搏鬥。你深信只要你願意，即便是高山也能移開，海水也能舀乾，只要有足夠的時間，世界上沒有任何一件事能夠阻止你成功。然而這種缺少柔軟的剛強性格，就是你的盲點。請你不時地提醒自己：唯有剛柔並濟，才能取得長久的成功。

水瓶座：

你是個靈活性與創意性極高的人，人生對你而言充滿各種可能性。因為你敢於天馬行空的想像，敢於做別人所不敢做之事，所以你的生命處處是機運，然而你寬廣的眼界與富有創意的思維難以被他人所接受，在邁向夢想的路上，人們會盡其所能地阻攔與批評你。請你別因此動搖，要繼續相信世界會因你而改變。

雙魚座：

你非常具有遠見，人們下一步棋的時候，你可能已經想到十步那麼遠，在別人還是尋覓好點子的時候，你可能已經將點子化為具體的模型。而在這之間，你願意為成功付出巨大的努力與代價，縱使它可能會犧牲掉你所有的時間與空間。請你適時地去享受這個世界，才不會因為與世界脫節而失去你敏銳的觀察力。

國家圖書館出版品預行編目資料

振作點，放棄才是真的輸了！ 50句人生雋語讓你告別低潮，絕處逢生！ / 林雪曼 著 -- 初版. -- 新北市 ：啟思出版，2015.07 面； 公分
ISBN 978-986-271-612-0（平裝）

1. 格言

192.8 104008832

啟思 Cheese Group

振作點，放棄才是真的輸了！50句人生雋語讓你告別低潮，絕處逢生！

出 版 者 ◤啟思出版
作　　者 ◤林雪曼
品質總監 ◤王寶玲
總 編 輯 ◤歐綾纖
文字編輯 ◤孫琬鈞
美術設計 ◤吳佩真
內文排版 ◤新鑫電腦排版工作室

本書採減碳印製流程並使用優質中性紙（Acid & Alkali Free）最符環保需求。

郵撥帳號 ◤50017206 采舍國際有限公司（郵撥購買，請另付一成郵資）
台灣出版中心 ◤新北市中和區中山路 2 段 366 巷 10 號 10 樓
電　　話 ◤（02）2248-7896　　傳　　真 ◤（02）2248-7758
I S B N ◤978-986-271-612-0
出版日期 ◤2015 年 7 月

全球華文市場總代理 ◤采舍國際
地　　址 ◤新北市中和區中山路 2 段 366 巷 10 號 3 樓
電　　話 ◤（02）8245-8786　　傳　　真 ◤（02）8245-8718

全系列書系特約展示
新絲路網路書店
地　　址 ◤新北市中和區中山路2段366巷10號10樓
電　　話 ◤（02）8245-9896
網　　址 ◤www.silkbook.com

線上 pbook&ebook 總代理 ◤全球華文聯合出版平台
地　　址 ◤新北市中和區中山路 2 段 366 巷 10 號 10 樓
主題討論區 ◤www.silkbook.com/bookclub　● 新絲路讀書會
紙本書平台 ◤www.book4u.com.tw　● 華文網網路書店
電子書下載 ◤www.book4u.com.tw　● 電子書中心（Acrobat Reader）